W0310863

Seelen STERNE

RITUALE

die dein Leben leichter machen

EMF

EIN BUCH DER
EDITION MICHAEL FISCHER

Inhalt

„Das Leben ist wundervoll." Edith Piafs Ausspruch ist so präsent und berühmt geworden, dass man sofort ein Lächeln auf den Lippen hat, wenn man ihn liest. Und innerlich formuliert man vielleicht weiter: „Ach wäre das schön."

Es *ist* schön! Dieses Buch soll dir als Unterstützung dienen, damit du nicht vergisst, wie wundervoll das Leben ist, und deines wieder in voller Pracht und mit allem Zauber hervorholst und es neu entdeckst.

Ab und an versucht das Leben nämlich uns wachzurütteln. Es fordert uns dazu auf, Dinge, die wir schon lange in unserem Leben ändern wollten, nun auch endlich zu verwandeln. Doch meist weißt du nicht, wie du die Dinge ändern sollst. Gerade in der aktuellen Zeitenwende spüren wir große Veränderungen. Die Routine ist noch da, jedoch wird deutlich, dass es so nicht mehr weitergehen kann. Als wäre man in einem Labyrinth, fragt man sich: Wo geht mein Weg hin? Auch Generationen von Menschen vor uns haben Zeitenwenden erlebt und etwas Neues, Schönes daraus erschaffen. Sie haben Vertrauen gehabt und Wissen genutzt, welches uns überliefert wurde.

In unserer heutigen Ellenbogengesellschaft herrschte lange Zeit die Devise „höher schneller weiter". Diese Einstellung ist jedoch an ihre Grenzen gestoßen und hat ihre Daseinsberechtigung verloren. Stattdessen zählt die Gemeinschaft, der Austausch miteinander und auch das Gefühl, dass wir, d. h. viele, diese Veränderung weg von der Ellenbogengesellschaft wollen. Wir spüren, dass es mehr gibt in unserer Welt, jedoch sehen wir dieses Mehr nicht klar vor Augen, und das verunsichert uns. Dabei war es schon immer da, es ist nur in Vergessenheit geraten.

Von jeher gibt es einen riesigen Wissensschatz aus verschiedenen Kulturen. Fragst du dich manchmal, warum arme Völker trotz ihrer Armut lächeln und glücklich sind? Oder warum ein Millionär immer wieder zu neuen Millionen kommt? Warum die Liebe nicht in deinem Leben Einzug hält? – All diese „Mysterien" stehen für kleine Beispiele, deren Erfüllung viel mit altem Wissen, Energiefluss, Vertrauen und Liebe zu tun hat.

In diesem Buch möchte ich dir anhand von praktischen Beispielen zeigen, welche Wirkung das überlieferte alte Wissen auf dein wunderbares Leben haben kann. Seit meiner frühesten Kindheit habe ich ein großes Interesse an altem Wissen gehabt. Ich wollte den Dingen auf den Grund gehen. Später haben mich meine Reisen an viele Kraftorte dieser Welt geführt und mir immer mehr Einblicke gegeben. So durfte ich viele liebe Menschen treffen, die ihr tiefes Wissen gerne mit mir teilten.

Tauche mit mir in die diese wundervollen überlieferten Gaben ein und lass dich inspirieren von der Heilsteinkunde, dem Feng-Shui, der Numerologie, dem alten Wissen um Glück, Liebe und Erfolg sowie von Ritualen, die du ganz einfach selbst anwenden kannst.

Ich freue mich, dass du dieses Buch liest, und wünsche dir Freude damit!

Alles Liebe für dich,
Mona

Wenn du mehr über mich erfahren möchtest, schau dir gerne meine Website an:
www.mediale-lebensberatung-zeitgemaess.de
Ich freue mich auf deinen Besuch!

Geh deinen
Weg & schöpfe
Kraft aus
altem Wissen

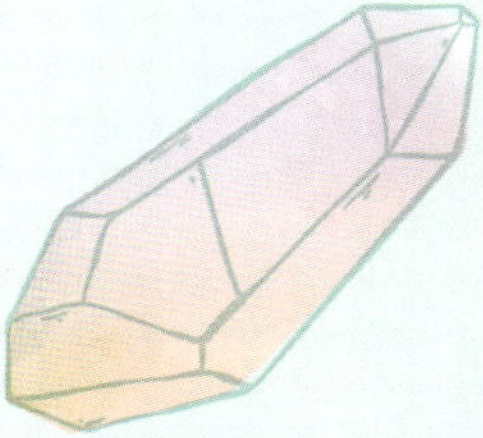

WOHLBEFINDEN – KÖRPER, GEIST UND SEELE

„Dein Körper ist das Spiegelbild deiner Seele" und „In einem gesunden Körper wohnt ein gesunder Geist" – das klingt so wunderbar, doch wie kommt man dahin?

Für die einen ist es Yoga, andere meditieren, lesen oder hören Musik, gehen in die Stille und Natur oder nutzen Tagträume, um Körper, Geist und Seele in Einklang zu bringen. Egal, was davon man nutzt, das Wichtigste ist, sich die Zeit für sich selbst zu nehmen: Time to me.

Stell dir vor, du gehst in einem wunderschönen Tagtraum auf Reisen: Du spürst die Sonne auf deiner Haut, den Sand unter deinen Füßen und lauschst dem Rauschen des Meeres. Du tauchst ein in dieses herrliche Gefühl von Meer. Oder du befindest dich abends am Strand und betrachtest, eingehüllt in eine Decke, mit einem Glas Rotwein in der Hand die Sterne. Was gibt es Schöneres? Vielleicht tagsüber am Strand zu liegen, endlich mal wieder in Ruhe ein Buch zu lesen. Sich das Fahrrad zu schnappen und loszufahren, ohne Zeitdruck. Spontan anhalten, einen Kaffee trinken und die Umgebung auf sich wirken lassen. Kein Handy, keine Termine, und auch Konversation jeglicher Art kann warten.

In solchen Momenten lebst du das Gefühl, nur für dich selbst da zu sein. Du tankst auf, bringst Körper und Geist in Balance und spürst Wohlbefinden. In dieser Ausgeglichenheit erlebst du, wie Kreativität, neuer Enthusiasmus und Lebensfreude bei dir einkehren. – Zeit für dich, und sie tut einfach nur gut.

Vielleicht kommt mit deinen Tagträumen nun der Wunsch, diesen Zustand ganz real und konkret zu erleben. Ist das nicht wundervoll? Frage dich: Was passiert, wenn du dir genau jetzt eine Stunde Zeit für dich nimmst. Nichts! Alles andere kann warten und die Welt wird nicht zugrunde gehen. Aus dem ewigen Kreislauf des „Ich muss dies noch machen und da noch helfen ..." auszubrechen, bedeutet, Mut zu haben und sich zu vertrauen.

Dieses Wohlbefinden und diese innere Balance wie selbstverständlich in den Alltag zu integrieren, wäre die Erfüllung. Genau dafür möchte ich dir nun auf den folgenden Seiten ein paar kleine Alltagshelfer vorstellen.

Numerologie
FÜR DEIN WOHLBEFINDEN

WER BIST DU, UND WELCHE FÄHIGKEITEN HAST DU?

Die Numerologie (die Basis für unseren ersten kleinen Alltagshelfer) ist ein Aspekt des Feng-Shui, welcher sich auf die Persönlichkeit eines Menschen bezieht. Man kann sie als Zahlenlehre beschreiben, die auf viele Lebens- und Alltagsbereiche angewendet werden kann: Am Tag deiner Geburt bist du mit wundervollen Begabungen und Eigenschaften beschenkt worden. Im Verlauf deines Lebens lernst du, diese immer mehr in dein Leben zu integrieren und es dadurch zu bereichern.

Wir beginnen dieses Kapitel mit der Berechnung deiner Lebenszahl, anhand derer du herausfinden kannst, welche tollen Eigenschaften dir am Tag deiner Geburt geschenkt wurden.

Zuerst schreibst du dafür dein Geburtsdatum auf. Beispiel: 21.07.1987 Dann bildest du die Quersumme dieser Zahlen, bis eine Zahl übrig bleibt:

2+1+0+7+1+9+8+7 = 35
3+5 = 8

Somit ist die Lebenszahl in diesem Beispiel die 8.

Probiere es aus:

Dein Geburtstag: ______________________________

Deine Lebenszahl: ______________________________

Die 9 Persönlichkeiten und ihre Fähigkeiten

Nachdem du deine Lebenszahl errechnet hast, kannst du nun nachlesen, welche Eigenschaften Menschen mit deiner Lebenszahl haben und wie du zu deiner inneren Balance, dem Zustand des Wohlbefindens, kommst. Bist du ein Pionier, ein Diplomat oder gehörst du zu den Kreativen? Bist du der Typ Analytiker, Abenteurer oder Idealist? Spiritueller, Chef oder Herzmensch?

1 **Die „Pioniere"** Enthusiasmus, Kreativität, viel Temperament, Freiheitsliebe, Willensstärke, Selbstbewusstsein und Leidenschaft verkörpern diese Menschen. Ein sogenanntes Powerpaket. Hier ist es besonders wichtig, authentisch zu sein und sein Licht nicht unter den Scheffel zu stellen. Für die innere Balance ist viel Bewegung förderlich, um die geballten kraftvollen Energien abzubauen und gut schlafen zu können. Zudem ist Empathie gefragt, auch um mit sich selbst sehr liebevoll umzugehen.

2 **Die „Diplomaten"** Mit der Zwei als Lebenszahl kommen Harmonie und Empathie an erster Stelle. Sanftmut, Einfühlungsvermögen, Verständnis, Diplomatie, Harmoniebedürfnis und Bindungsfähig zeichnen diese Menschen aus. Partnerschaft ist sehr wichtig. Für die innere Balance ist es von Bedeutung, sich mit schönen Dingen zu umgeben, ein gemütliches Zuhause zu schaffen und viel Zeit zum Lesen und Musikhören sowie für Aufenthalte in der Natur zu haben. So gelingt es dann, immer wieder das Gleichgewicht herzustellen, da Menschen mit dieser Lebenszahl sehr viel geben und sich des Öfteren selbst vergessen.

3 **Die „Kreativen"** Intelligenz, Lebendigkeit, Sprunghaftigkeit, Kreativität, Kommunikation, Einfühlungsvermögen, Einfallsreichtum und Fröhlichkeit machen diese Menschen aus. Hier steckt äußert viel Lebensfreude und Positivität drin. Für die innere Balance sind vor allem Tagträume und Entspannungsübungen wie Yoga förderlich. Zur Ruhe kommen und dem Geist etwas Leichtes, Entspannendes geben, schafft eine Balance.

4 **Die „Analytiker"** Ehrgeiz, Kontaktfreude, Organisationstalent, Problemlöser, Zuverlässigkeit, Vernunft, Loyalität und Tatkraft beschreiben diese Menschen. Viel Gedankenarbeit und Planung stehen hier im Vordergrund. Für die innere Balance darfst du dem Analytiker in dir eine Pause gönnen, verträumte Musik hören, einfach nichts tun, relaxen und dem Herzen Raum geben – es wird eine neue Erfahrung sein, die dein Leben bereichern wird.

5 **Die „Abenteurer"** Freiheitsliebe, Abenteuer, Leidenschaft, Abwechslung, Temperament, Energie, Unabhängigkeit zeichnet den Abenteurer aus. Sein Geist sucht immer wieder neue Anregungen und Herausforderungen. Für die innere Balance ist die Kunst des Tai Chi hervorragend geeignet. Sie lehrt den Fokus zu halten und gleichzeitig in Bewegung zu sein.

6 **Die „Idealisten"** Gerechtigkeit, Fairness, Schönheit, Harmonie, hohe Ideale, Hilfsbereitschaft, Fleiß, Zuverlässigkeit, Ehrgeiz – damit kann man die Idealisten umschreiben. Perfektion und Ehrgeiz sind hier gepaart und dies mit grenzenloser Hilfsbereitschaft und Fürsorge. Für die innere Balance ist eine Entspannungsmassage sowie ein Tag nur für dich mit Verwöhnprogramm vom Feinsten ideal. Sei du die wichtigste Person in deinem Leben und lass dich verwöhnen.

7 **Die „Spirituellen"** Tiefgründigkeit, Intellekt, Fleiß, Feinfühligkeit, Warmherzigkeit, Intuition, Weisheit, Verständnis – daran erkennt man den Spirituellen. Ein tiefes inneres Wissen, Selbstreflektion und ein enormer analytischer Verstand gepaart mit Achtsamkeit den Menschen und Dingen gegenüber machen diese Menschen aus. Für die innere Balance ist die Natur und dort allein zu sein der perfekte Ort. Daraus schöpfst du neue Inspiration und spürst die Verbundenheit mit allem.

8 **Die „Chefs"** Erfolg, Klugheit, Fokus, Willensstärke, Leidenschaft, Fleiß, Inspiration, Überzeugungskraft – damit sind sie die geborenen Unternehmer. Hier paart sich die Leidenschaft mit Willensstärke und dem klaren Fokus, sein Ziel zu erreichen. Sozusagen „Alles oder nichts". Für die innere Balance sind Entspannung und Träumerei vorteilhaft. Der Geist darf fließen, damit die Ruhe und Ausgeglichenheit Einzug halten und die Batterien wieder auftanken.

9 **Die „Herzmenschen"** Sensibilität, Einfühlungsvermögen, Tiefgründigkeit, Denkvermögen, Selbstlosigkeit, Gerechtigkeit, Hilfsbereitschaft – damit sind die Herzmenschen beschenkt. Sie sind die geborenen Zuhörer und versuchen immer zu helfen. Entscheidungen werden stets vom Herzen getroffen, und für andere da zu sein, ist ihre Lebensaufgabe. Für die innere Balance wäre es wunderbar, einmal den Fokus nur auf sich selbst zu richten und sich zu verwöhnen mit Zeit allein, einem guten Buch ... All die Dinge, von denen man träumt und sie nicht tut. Nur Mut, es wird fantastisch!

Rituale FÜR DEIN WOHLBEFINDEN

FINDE DEINEN FOKUS

Mit Ritualen verstärkst du die Macht deiner Gedanken, sich auf eine Sache zu konzentrieren und den Fokus zu halten. So erreichst du es, dich in freudiger Erwartung zu sehen und zu wissen: Es erfüllt sich. In diesem Wissen schwingt auch ein Hauch von Magie und des Unbekannten mit. Aufregend!

Die Macht der Gedanken hat eine enorme Wirkungskraft. Der Ausspruch, dass das, was du ausstrahlst, zu dir zurückkommt, stimmt. Nur scheitert die Umsetzung meist daran, den Fokus zu halten. Gerade wenn du deine innere Mitte finden möchtest, weil der Tag stressig war, du dich ärgerst, deine Gedanken ständig wieder abdriften, ist es wunderbar, in eine andere Welt abzutauchen. Das wollen wir nun mit einem einfachen Ritual gemeinsam tun!

Tauche in dein Leben ein

Setz dich bequem hin und schließe deine Augen. Stell dir vor, du bist am Meer. Eine leichte Brise weht durch dein Haar und du gehst über den feinen Sand, den du unter deinen Füßen spürst, zum Wasser. Du hörst das Rauschen des Meeres und tauchst ab in dieses herrliche klare Wasser. Du schmeckst mit deinen Lippen das Salz und lässt dich von der Klarheit des Wassers ganz umhüllen. Tauche nochmals ab und wasch deine Sorgen, Ängste und Zweifel ab – übergib sie dem weiten Ozean; er wird sie reinigen und verwandeln. Spürst du, wie leicht du dich in Poseidons Reich fühlst? Langsam kommst du wieder aus dem Meer und spürst die Sonne auf deiner Haut, die dir eine neue Kraft schenkt, jetzt, da das Alte im Meer versunken ist. Spüre diese Kraft und fühle dich wie neu geboren. Du streckst deine Arme zum Himmel und lächelst. – Nimm genau dieses Lächeln jetzt mit in deinen Tag. Öffne langsam, mit diesem Lächeln, deine Augen und sprich: „Meine Gedanken sind klar und rein, Danke."

Feng-Shui
FÜR DEIN WOHLBEFINDEN

DIE 8 LEBENSBEREICHE DES FENG-SHUI

Feng-Shui ist eine alte chinesische Lehre der Harmonisierung des Menschen und seines Lebensumfelds. Sie erklärt, wie wir unser Lebensumfeld positiv beeinflussen können. Manchmal sind es nur kleine Veränderungen, die eine große Wirkung erzielen. Daher möchte ich dir ein paar Beispiele und Anregungen mitgeben, die auch ich selbst angewendet habe. Ich finde es sehr spannend, etwas auszuprobieren und zu sehen, wie sich das Neue auf das Leben auswirkt. Daher keine Angst, sondern mit Freude ans Ausprobieren!

Eine einfache Technik, die für jeden leicht zu erlernen und anwendbar ist, bezeichnet man als die „8 Lebensbereiche". In der Grafik unten siehst du, welche Bereiche das Feng-Shui umfasst.*

Reichtum	**Ruhm**	**Partnerschaft**
Gesundheit	Tai Chi Zentrum	**Kinder**
Wissen	**Beruf/ Karriere**	**Hilfreiche Freunde**

↑

EINGANGSTÜR

*Wenn du das Thema vertiefen möchtest, dann kannst du dich gerne bei Cornelia-Regina Scheck (www.feng-shui-2001.de) informieren. Sie hat mir für das Buch wertvolle Impulse gegeben.

Ich stelle dir hier eine vereinfachte Variante zur Bestimmung der Lebensbereiche vor, die du gut in deinem Alltag umsetzen kannst: Sobald du deine Wohnungs- oder Haustüre durchschreitest, befindest du dich im Bereich Beruf/Karriere. Der Bereich des Ruhmes liegt hinter diesem Bereich. Im vorderen linken Bereich deiner Wohnung (oder deines Zimmers) ist der Bereich des Wissens angesiedelt. Im vorderen rechten Bereich hingegen liegt der Bereich der hilfreichen Freunde. Links und rechts der Mitte deiner Wohnung findest du die Bereiche Gesundheit und Kinder. In den hinteren Ecken sind links der Bereich des Reichtums und rechts der Bereich der Partnerschaft angesiedelt.

Zunächst solltest du dich fragen: Was wünsche ich mir? Denn dann kannst du gezielt den entsprechenden Bereich aktivieren. Bitte bearbeite nicht alle Bereiche gleichzeitig. Beginne mit dem Bereich, der für dich Priorität hat, und aktiviere das Chi, die Lebensenergie. Beobachte und spüre, was sich verändert, und lass die Energie fließen.

Es geht dabei nicht um Perfektion, sondern um das Erreichen von Harmonie. Wenn du zu deiner Eingangstür hereinkommst und dich richtig freuen

kannst, abzuschalten, kreativ zu sein und dieses heimische Gefühl verspürst, dann fließt alles im Außen wie im Innen.

Zum Wohlbefinden gehören auf jeden Fall die Gesundheit und die Familie. Der entsprechende Bereich steht für Vitalität, Familie und auch für die Vorfahren. Ehre deine Vorfahren, das ist ein gutes Karma. Dieser Bereich wird auch mit dem Neubeginn verbunden. Hier gehören die Fotos der Familie und nach oben strebende Motive hin. Große gesunde Zimmerpflanzen wirken in diesem Bereich sehr gut wie auch frische Blumensträuße.

Der wichtigste Ort für dein Wohlbefinden

Für unser Wohlbefinden ist das Schlafzimmer der wichtigste Ort, denn dort verbringen wir die meiste Zeit. Erholsamer Schlaf ist die Grundlage dafür, dass sich Körper, Geist und Seele regenerieren können.

Was brauchen wir für einen erholsamen Schlaf? Ein gutes Bett, welches an einer festen Wand steht. Das Fenster und die Tür sollten im Blick sein. Bitte nicht mit den Füßen geradehin zur Tür schlafen (man nennt diese Position auch die „Sargposition“ ...), versetzt zur Tür ist besser.

Kisten unterm Bett zu lagen oder das Bügelbrett hinter der Tür zu verstauen ist tabu. Das Schlafzimmer sollte immer aufgeräumt sein und nichts sollte dort chaotisch herumliegen. Spiegel sollte man so aufhängen, dass sie nicht das Bett spiegeln – das sorgt sonst für Unruhe, bringt den Energiefluss durcheinander und kann sich negativ auf die Partnerschaft auswirken.

Wer sich nicht vom Fernseher, Radio und anderen technischen Geräten trennen kann, sollte diese Geräte in der Nacht komplett ausschalten und vielleicht darüber nachdenken, sie doch irgendwann aus dem Schlafzimmer zu entfernen. Das wirkt befreiend.

Familienfotos gehören auch nicht ins Schlafzimmer, sondern in den Bereich der Familie. Ein beruhigendes Landschaftsbild, aber auch ein romantisches Bild eignet sich stattdessen sehr gut im Schlafzimmer.

Bücher bitte auch nicht auf dem Nachttisch stapeln – das schlechte Gewissen, sie immer noch nicht gelesen zu haben, schläft mit. Probiert es aus!

Heilsteine
FÜR DEIN WOHLBEFINDEN

DEINE WOHLFÜHLBEREICHE

Heilsteine sind Edelsteine oder Halbedelsteine. Jedem Stein wird eine besondere Wirkung zuteil, die uns von unseren Vorfahren überliefert wurde. Heilsteine können nicht schaden, aber man sollte sie immer zunächst ausprobieren, um ihre Wirkung für sich selbst zu erkennen und zu spüren. Ich habe in jedem Raum zwei Rosenquarzsteine aufgestellt und seitdem diese Steine hier sind, ist mein Zuhause sehr harmonisch. Keine Streitereien oder Auseinandersetzungen finden mehr statt, sondern es fühlt sich leicht und sehr ausglichen in meinem Zuhause an. Man findet die richtigen Worte und hat gar nicht das Bedürfnis, recht haben zu wollen oder das Ego extrem hervorzubringen. Probiert es mal aus!

Heilsteine im Raum aufgestellt oder am Körper getragen, können ein beruhigendes Gleichgewicht herstellen. Ihre Wirkung beruht auf Schwingungen und Frequenzen.

Für welche Variante eines Steins und für welchen Stein man sich entscheidet, wird von den inneren Themen bestimmt, die man mit sich trägt und die nicht selten auch belasten. So ist in etwa auch ein Steinring eine gute Möglichkeit, den ausgewälten Stein bei sich zu haben. Man sagt, wenn dieser Ring kaputtgeht, dann braucht man ihn nicht mehr.

Versteinertes Holz

Ein besonderer Stein für den Wohnbereich ist versteinertes Holz. Er verbreitet ein ganz besonderes Gefühl von Harmonie im Zuhause und stärkt das Zusammengehörigkeitsgefühl der Familie sowie die Widerstandskraft, sollte man mal etwas labil sein. Er besänftigt Wut und Zorn, regt die Fantasie an und vermittelt ein Heimatgefühl.

Versteinertes Holz ist zudem ein guter Meditationsstein. Bewusst in der Hand gehalten, kann er Antworten auf viele Lebensfragen durch innere Erkenntnis bringen. Er bewirkt mitunter, dass man durch ihn geduldiger, zielstrebiger und entschlossen wird.

Der Unakit

Für einen erholsamen Schlaf ist der Unikat zu empfehlen. Man kann ihn unter die Matratze und auf den Nachttisch legen. Er hat eine ausgleichende Wirkung auf die Psyche, befreit von Einsamkeit und Selbstmitleid und hilft bei der Bewältigung von Trauerarbeit sowie bei der Auflösung von Glaubenssätzen aus der Kindheit.

Er schenkt neuen Mut, Kraft und Ausdauer. Zudem bewirkt er, dass man offener auf andere zugeht.

Der Amethyst

Ein weiterer besonderer Stein für den Schlafbereich ist der Amethyst. Ein Stein, der überflüssige Gedanken und Empfindungen reinigen kann.

Themen wie Kummer, Lernschwierigkeiten, Trauer, Prüfungsangst können mit ihm gelöst werden. Man sagt ihm nach, er verhelfe zu tiefem inneren Frieden.

Bergkristall

Der Bergkristall ist ein klarer Stein, der auch für Klarheit sorgt. Die Frequenzen des Bergkristalls können die Chakren öffnen und aktivieren. Er fördert die Orientierung im Leben und die Selbstverwirklichung. Zudem wirkt er vitalisierend.

Der Bergkristall unterstützt durch seine hohen Schwingungen alle anderen Steine. Daher empfehle ich, besonders zum Reinigen und Aufladen der Steine, die Steine auf eine Bergkristallkuppe zu legen.

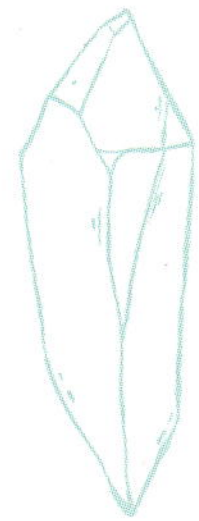

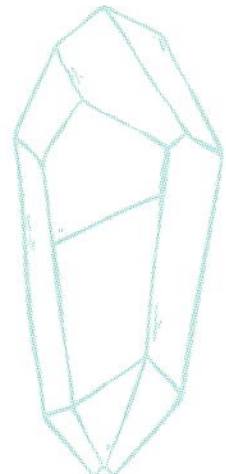

Hämatit

Der Hämatit gilt als einer der stärksten Schutzsteine und schützt vor negativen Energien. Man nennt ihn auch den Blut-Stein, da er eine starke positive Wirkung auf das Blut haben kann.

Der Hämatit öffnet das Wurzel-Chakra, unsere Basis, sodass man ins Urvertrauen zurückkommt. Er kann sehr entspannend wirken und entfacht die Entschlossenheit, die eigenen Bedürfnisse zu erhalten, und trägt somit dazu bei, die eigene Lebensqualität zu verbessern.

LEBENSZAHL UND HEILSTEIN

Lebenszahl 1: Ein Ausgleichstein für dich wäre der Sonnenstein. Er besänftigt und wirkt positiv auf die Psyche ein. Mit ihm können Ärger und Wut vergehen, die eigene Wahrnehmung ändert sich, und man kann die Dinge aus einer neuen, entspannten Sichtweise sehen.

Lebenszahl 2: Ein wunderbarer Ausgleichstein für dich ist der Karneol, da er die gute Laune fördert, den Lebensmut aktiviert und dabei behilflich ist, das Schöne im Leben genießen zu können ansatt daran vorbeizugehen. Er ist ein Stein, der das Selbstvertrauen stärkt und die Konzentration und den Realitätssinn fördert.

Lebenszahl 3: Ein sehr guter Ausgleichsstein für dich ist der Amethyst, da er die Nerven beruhigt und die Konzentration fördert sowie negative Gedanken auflöst.

Lebenszahl 4: Der Sardonyx-Stein kann deine Sinne aktivieren und deine Wahrnehmung verfeinern, indem er die Freude fördert.

Lebenszahl 5: Der Moosachat kann dich von Belastungen befreien, sodass du wieder mehr Mut fassen kannst. Zudem kann er dabei helfen, deine alten Muster aufzulösen.

Lebenszahl 6: Der Aventurin fördert die Geduld, erzeugt eine friedvolle Gelassenheit und unterstützt dich dabei, dein Leben zu genießen.

Lebenszahl 7: Ein Ausgleichstein für dich ist der Orangencalcit. Er kann beruhigend und zugleich erhellend wirken und steht für Lebensfreude, Optimismus und Selbstvertrauen.

Lebenszahl 8: Sehr ausgleichend kann bei dir ein Rhodonit wirken. Seine Schwingungen können seelischen Schmerz lösen, sodass du verzeihen kannst. Zudem hilft er bei Versöhnungen, da er dafür sorgt, dass negative Gedanken und Ärger sich auflösen.

Lebenszahl 9: Der Rosenquarz ist der ausgleichende Stein für dein Herz. Er harmonisiert, fördert die Selbstakzeptanz, die Liebe und Eigenliebe und kann bei Melancholie und Schlafstörungen helfen.

Affirmiere
DEIN WOHL-
BEFINDEN

ACHTE AUF DEINE GEDANKEN, DENN ...

Affirmationen sind Bekundungen, die es dir ermöglichen, Positivität und Optimismus in dein Leben zu holen. Man sagt, es bedarf 46 Wiederholungen, bis sie in deinem Unterbewusstsein ankommen und du sie als selbstverständlich annimmst. So kannst du mit Affirmationen bewusst Einfluss auf dein Wohlbefinden nehmen, deiner Seele Raum geben und Ausgeglichen erreichen. Affirmationen helfen dir dabei, aufzutanken, sodass neue Energie in dir fließt und du wieder mehr Kraft, Motivation und Ausdauer hast.

Um die Wirkweise von Affirmationen besser zu verstehen, beginnen wir mit einem Beispiel dazu, wie eine Affirmation nicht lauten sollte: „Ich bin so kaputt und ausgelaugt." Denn auch wenn du dich in dem Moment tatsächlich so fühlst, bedenke immer, dass deine Gedanken deine Realität bestimmen. Es ist nämlich so, dass du deinem Körper mit diesem Gedanken quasi sagst: „Fühl dich schlecht und zeige es mir!"

Und jetzt drehen wir das Ganze um zu einer postiven Affirmation: Stell dich vor einen Spiegel und schau dich an. Bist das wirklich DU? Oder wer schaut da so verbissen? Fang an zu lächeln und sieh, wie wundervoll du damit unmittelbar wirkst. Nun sagst du dir mindestens dreimal: „Ich bin gesund, habe Energie und fühle mich wohl."

Ein einfacher „Trick"

Auch für deinen Alltag gibt es eine einfache und effektive Möglichkeit, Stress und Negativität abzubauen und damit dein Wohlbefinden zu fördern. Versuche dazu das Wort „muss" in deinen Gedanken und Aussagen durch „möchte" zu ersetzten. Also zum Beispiel so: „Ich möchte jetzt das Bad putzen" oder „Ich möchte jetzt die Steuererklärung machen". Diese kleine Veränderung bewirkt wahre Wunder: Der innerliche Druck, den das Wort „muss" impliziert, verfliegt, sobald du auf das Wort verzichtest. „Ich möchte" hingegen klingt sanft und leicht und entlastet. Ich habe diesen Trick zum ersten Mal angewandt als ich das Bad putzen „musste". Ich beeinflusste meine Gedanken, indem ich mir sagte: „Stopp! Ich möchte jetzt wahnsinnig gern das Bad putzen." Auf einmal habe ich über mich selbst lachen können und erlebt, wie beschwingt Putzen sein kann. Musik dazu hören – das Leben ist schön!

Immer dann, wenn der innerliche Druck aufsteigt „Aber ich muss noch ..." sag dir: „Stopp! Ich weiß, es heißt ‚Ich möchte'." Der Muss-Gedanke wird nicht sofort verschwinden, jedoch mit der Zeit viel seltener aufkommen. Zudem entschleunigst du, denn es geht nun darum, was für DICH Priorität hat.

Manifestiere
DEIN WOHL-BEFINDEN

ERSCHAFFE DEINE REALITÄT NEU

Kennst du den Spruch „Die Macht deiner Gedanken versetzt Berge"? Er trifft tatsächlich zu, insofern unsere Gedanken sehr mächtig sind und unsere Realität erschaffen bzw. manifestieren, indem sie unsere Gefühle, unsere Wahrnehmung, unser Verhalten, unsere Denkweise und somit unser ganzes Leben beeinflussen.

Was du denkst, das strahlst du auch aus und das bekommst du zurück. Es gilt sozusagen das „Gesetz der Anziehung". Daher ist es besonders wichtig, deine Gedanken bewusst wahrzunehmen und zu steuern bzw. in die Richtung und zu dem zu führen, was du auch selbst empfangen möchtest.

Eine neue Routine für dich

Um also nun dein Wohlbefinden im Alltag zu manifestieren, beginne von nun an deine Tage noch im Bett mit einem Lächeln und sage dir: „Guten Morgen, ich freue mich auf diesen wundervollen Tag." Abends beendest du den Tag ebenso lächelnd und sagst dir: „Danke für diesen schönen Tag."

Auch wenn nicht alles so war, wie du es dir vorgestellt hast, eine schöne Erinnerung gibt es zu jedem Tag. Zum Beispiel ein Musiktitel, der im Radio lief, eine schöne Nachricht, die dich erreicht hat usw. Hol dir immer das Positive ins Bewusstsein und schlafe mit dem Gedanken daran ein. So fördert diese Routine am Abend einen wunderbaren Schlaf. Schon allein der Gedanke „Meine Gedanken sind klar und rein", entfernt erst mal die sogenannten Energieräuber. Sag dir diesen Satz, wenn du ins Bett gehst, ruhig so oft, bis er sich für dich stimmig anfühlt. Und freu dich auf einen Traum! Beginne, indem du die Augen schließt und den schönen Musiktitel vom Tag gedanklich mitsummst: Was verbindest du damit, und wie siehst du dich dabei? Lächelnd, voller Freude? Dann geh in diesen Gedanken weiter und träum dich in deine positiven Vorstellungen hinein. Je öfter du dies tust, desto mehr manifestiert sich die Positivität in deinem Unterbewusstsein und so erschaffst du dir deine Realität neu.

Die morgendliche Routine ist ebenfalls eine Frage der Übung. Je öfter du die positiven Worte sagst, desto entspannter wird dein Tag sein.

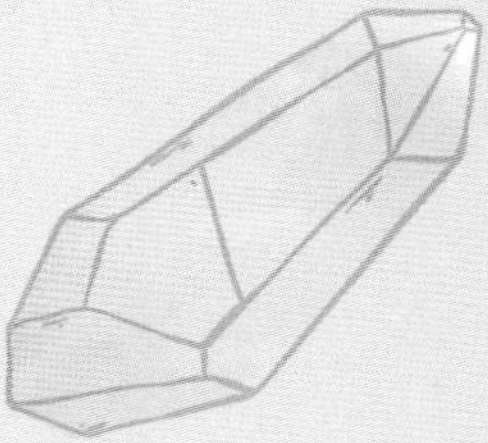

ERFOLG

„Es gibt nur einen Erfolg – das Leben nach seinen eigenen Vorstellungen leben zu können."
Christopher Morley

Erfolg ist, wenn das Gewünschte, und dies in allen Bereichen des Lebens, eintritt. Die meisten von uns sind jedoch mit dem Glaubenssatz aufgewachsen: „Erfolg musst du dir hart erarbeiten." Diesen Glaubenssatz darfst du jetzt umwandeln und lernen, mit anderen Augen zu sehen.

Erfolgreiche Menschen verwirklichen ihre Träume, indem sie alles mit Leidenschaft angehen. Sie sind nicht von dem Gedanken getrieben, reich zu werden, auch wenn sie vielleicht später durch die Verwirklichung ihrer Träume reich werden. Wenn du erfolgreich sein möchtest, frag dich daher zunächst: Wovon träume ich, und welches Gefühl löst dieser Traum in mir aus?

Kannst du dich noch daran erinnern, als du unbedingt das Seepferdchen haben wolltest? Da war diese Freude in dir und du hast dich schon gesehen, wie du im großen Becken schwimmen wirst. Die Fähigkeit, diese Vorfreude zu entwickeln, auch für größere Projekte, ist es, was wir mit zunehmendem Alter verlernen. Im Folgenden will ich dir zeigen, wie du dir diese Fähigkeit zurückholst.

STELL DIR VOR …

Beziehen wir uns beim Erfolg beispielhaft auf die Karriere. Hast du beruflich alles erreicht, was du dir vorgestellt hast? Oder stellst du jetzt fest, dass dein Beruf dich nicht mehr erfüllt? Bedenke immer, dass letztere Erkenntnis nicht auf ein Scheitern hinweist. Vielmehr spricht hier die Stimme deiner inneren Leidenschaft zu dir und möchte dich daran erinnern, dass noch viel mehr in dir steckt. Probiere dich also aus!

Entecke deine Träume (wieder)

Nutze einen freien Tag und mach gar nichts, außer vor dich hin zu träumen: Was wollte ich als Kind werden, wenn ich erwachsen bin? Wenn du das vor Augen hast, frage dich: Wäre das auch heute noch etwas für mich? Dann weite deine Frage aus: Was macht mir richtig große Freude? Zum Beispiel ein Hobby. Stell dir ganz konkret vor, wie es wäre, daraus einen Beruf zu machen. Stell dir vor, du hast deine eigene Firma, kommst morgens an, freust dich auf deine Arbeit, deine Mitarbeiter und Kunden, und tüftelst an etwas Neuem. Wie fühlt sich das für dich an?

Genauso kannst du mit allem vorgehen, was du gern erreichen möchtest. Probiere im Vorfeld aus, wie es sich anfühlt. Damit weißt du, ob es das Richtige für dich ist. Je öfter du daran denkst, umso mehr Leidenschaft entwickelst du innerlich dafür. Automatisch folgt der Mut, es auch zu tun.

Habe diesen Mut und werde nicht zu einem der Menschen, die im Alter bedauern, was sie nicht getan haben!

Numerologie
FÜR DEINEN ERFOLG

ERKUNDE DEIN ERFOLGSPOTENZIAL

Nun schauen wir mal, welche Erfolgsqualitäten denn in dir stecken, auf was du bauen darfst und welche Talente und Begabungen du für deinen Erfolg nutzen kannst. Du wirst vielleicht völlig erstaunt sein und skeptisch fragen: „Dieses Potenzial soll in mir stecken?“ Ja, tut es. Probiere dich also aus, sonst bleibt es versteckt!

Bevor du auf den nächsten Seiten deine Potenziale entsprechend deiner Lebenszahl erkundest (wie du diese berechnest, zeige ich dir auf Seite 13), frage dich, welchen Traum du dir wann verwirklichen möchtest.

Wenn du den Traum noch nicht ganz konkret fassen kannst, notiere dir das Gefühl, das du in Zukunft haben möchtest. Erkennst du dann erst einmal deine Talente und Begabungen, so kannst du den Traum auch konkretisieren.

Dein Traum

Was: ______________________________

Wann: ______________________________

1 Die „Pioniere“ Bring etwas Neues hervor und lebe deine Kreativität. Du bist unabhängig, sehr zielstrebig, ehrgeizig und willensstark. Nutze diese positiven Eigenschaften, gepaart mit deiner Kreativität, und habe den Mut voranzugehen. Welches Feuer brennt in dir? Deine Fähigkeiten, Visionen, Träume und Wünsche wahr werden zu lassen, sind stark ausgeprägt. Eine selbstständige Tätigkeit wäre für dich gut geeignet sowie eine Führungsposition. Du erreichst deine Ziele, mit Entschlossenheit und Selbstmotivation und arbeitest hart daran. Die Nr. 1 möchte natürlich auch die Nr. 1 im Job sein. Dies kannst du sehr gut erreichen.

2 Die „Diplomaten“ Nutze deine Eigenschaften wie Sanftmut, Einfühlungsvermögen, Verständnis, Diplomatie. Durch deine Intuition und dein Einfühlungsvermögen kannst du fühlen, was andere denken. Deine Geduld und Kooperationsfähigkeit machen dich zu einem guten Teamplayer. Du kümmerst dich sehr gern um Details und es bereitet dir Freude, wenn du andere damit unterstützen kannst. Ein harmonisches Umfeld ist wichtig für dich. Deine Fähigkeiten machen dich u. a. in den Bereichen Verhandlung, Beratung und Konfliktlösung erfolgreich.

3 Die „Kreativen“ Deine Talente möchten sich ausdrücken. Kreativität, Inspiration, und deine fröhliche und lebensbejahende Energie sowie deine Großzügigkeit verleihen dir die Gabe, andere Menschen mitzureißen und sie zu inspirieren. Es fällt dir sehr leicht, Informationen zu bündeln und in neue Ideen umzuwandeln. Du lebst deine kreativen Fähigkeiten mit Begeisterung und Freude aus. Du benötigst Freiraum zum Arbeiten und keine starren Strukturen. Deine Talente brauchen einen Ausdruck, sonst hast du mit Stimmungsschwankungen zu tun. Dein Erfolg beruht auf deiner Ausdrucksstärke, deiner Inspiration, deiner Freude und deinem Kommunikationsgeschick. Daher wäre ein künstlerischer Beruf wie Schriftsteller, Schauspieler, Musiker etc. für dich sehr von Vorteil.

4 Die „Analytiker“ Organisation, Systematik, Ehrgeiz, Pünktlichkeit und Zuverlässigkeit sind deine Stärken. Gerechtigkeit, Ehrlichkeit und Disziplin zeichnen dich aus. Du bist sehr entschlossen und denkst zielgerichtet. Pünktlichkeit ist dir sehr wichtig. Du bist intelligent und wissensdurstig und kannst Prozesse durch langsame und stetige Entwicklung zur Stabilität führen. Wenn dich ein Thema interessiert, verschlingst du regelrecht die entsprechenden Informationen und kannst dein Wissen wunderbar an andere weitergeben. Der Beruf der* Lehrer*in, alles rund um Rechtsangelegenheiten und Statistik sowie auch das Bankwesen passen hervorragend zu dir.

5 **Die „Abenteurer“** Abwechslung, Neugier, Reisen, Motivation sind deine Talente. Du bist Inspiration für die Menschen, da du aufgeweckt, interessiert und motivierend bist. Du bist engagiert und verfügst über gute Sprachkenntnisse. Deine Begabung und dein Mut erleichtern es dir, neue Dinge auszuprobieren, bis du entdeckst, was zu dir passt. Der Erfolg stellt sich bei dir etwas später im Leben ein, da du lernst, disziplinierter zu werden. Dann entwickelst du Geduld und Entschlossenheit, um etwas Bedeutendes hervorzubringen. Eine Tätigkeit verbunden mit Reisen sowie der Handel liegen dir zum Beispiel sehr gut.

6 **Die „Idealisten“** Dein großes Herz und Mitgefühl für die Schwachen zeichnen dich aus. Du bist ein sehr guter Zuhörer und möchtest immer helfen. Du bist wie ein Magnet für Menschen, die Probleme haben. Aber du solltest nicht nur zuhören, sondern mehr Verantwortlichkeit in diesem Bereich übernehmen. Dein Wissen und deine Fähigkeiten ermöglichen es dir, hier eine dir entsprechende Aufgabe zu übernehmen. Weiterhin liegen deine Begabungen in den Bereichen der Ästhetik und Schönheit sowie der Darstellung. Bildende und darstellende Künste liegen dir ebenso wie ärztliche Berufe, aber zum Beispiel auch der Beruf der Sozialarbeiter*in eignet sich für dich hervorragend.

7 **Die „Spirituellen“** Man kann sagen, dass du auf der Suche nach Antworten bist, um das Unbekannte im Leben zu verstehen. Tiefgründig analysierend mit einem ausgezeichneten Verstand, um Fakten zu sammeln und Probleme zu lösen. Menschen mit dieser Begabung arbeiten gerne allein. Forschung, Wissenschaft, der Beruf der Psychiater*n oder Psycholog*in liegen diesen Menschen u. a. besonders.

8 **Die „Chefs“** Nennen wir sie die geborenen Anführer. Du bist automatisch auf Erfolg programmiert und gehst mit Willensstärke, einem klaren Fokus und Leidenschaft an Projekte heran. Du darfst in größeren Dimensionen denken, und hast die Gabe, materiellen Wohlstand zu erschaffen. Auch in der größten Hektik behältst du klar deinen Fokus, bleibst ruhig und klärst die Dinge.

9 **Die „Herzmenschen“** Hier werden Entscheidungen aus dem Herzen heraus getroffen, d. h. Entscheidungen müssen sich für dich v. a. gut anfühlen. Du bist hilfsbereit, selbstlos und hast einen großen Gerechtigkeitssinn. Du möchtest die Welt verbessern und Menschen helfen. Dies wäre besonders gut in sozialen Berufen, im Heilungswesen oder in der Forschung möglich. Darüber hinaus hast du auch die Gabe, durch künstlerischen Ausdruck Menschen zu berühren.

Rituale FÜR DEINEN ERFOLG

SEI MIT ALLEN SINNEN DABEI!

Wenn dir noch ein wenig der Mut und Glaube fehlen, etwas Neues zu beginnen oder eine Sache erfolgreich werden zu lassen, dann versuche mehr in deine Bewusstheit zu gehen und zur schöpferischen Ruhe zu kommen. Dies gelingt dir mit dem folgendem Ritual:

Beginne den Morgen entspannt, denn es rennt dir nichts davon. Stell dir den Wecker so, dass du ausreichend Zeit für dich hast. Bleibe bewusst neben deiner Kaffeemaschine stehen und rieche den Duft des frischen Kaffees. Nimm deine Tasse und geh entweder auf deinen Balkon/deine Terrasse oder such dir einen Platz, von dem aus du aus dem Fenster schauen und den Himmel oder Natur sehen kannst. Das Handy und andere technischen Geräte sind jetzt tabu. Zeit für dich. Du gibst deinen Sinnen Nahrung: Riechen – der Duft des Kaffees/Tees; Schmecken – probiere deinen Kaffee mal mit einer Prise Zimt (auch gut für den Blutzucker); Sehen – das Grün der Natur, den Himmel mit wundervoll verschiedenen Wolken, einen Schmetterling der seinen Platz sucht, ein Vogel, der Nahrung sucht; Hören – Vogelgezwitscher, Ruhe, Musik für gute Schwingungen.

Spürst du, wie entspannt du bist? Du hast dich leer von störenden und hektischen Gedanken gemacht. Dein Geist ist wieder voll aufnahmebereit und bringt neue Impulse. Erfolgreiche Menschen hetzen nicht durchs Leben, sie nehmen es bewusst wahr und ziehen daraus ihre Kreativität und Intuition.

Visualisiere deinen Erfolg

Im Folgenden ein weiteres kleines Ritual, das dich ins Bewusstsein bringt.

Du benötigst: eine gelbe Kerze, Salbeiöl, ein Blatt weißes Papier

1. Zünde die Kerze an, und gib etwas Salbeiöl in einen mit wassergefüllten Diffuser.

2. Jetzt beginnst du dich von allen unnötigen Gedanken zu befreien, indem du dir sagst: Meine Gedanken sind klar und rein.

3. Wenn du soweit bist, schreibe dir deine Stichpunkte für deinen Erfolg auf. Definiere, bevor du anfängst zu schreiben: Was ist für dich Erfolg? Zum Beispiel eine glückliche Partnerschaft, eine Beförderung, ein Neuanfang im Beruf usw.

4. Jetzt legst du den Zettel unter die Kerze. Schau in die Flammen der Kerze und visualisiere dein Ziel. Stell dir vor, wie du es erreicht hast und dir mühelos alles gelingt. Verharre noch eine Weile mit dem Blick in den Flammen in dieser Freude.

5. Wenn du überzeugt von dir bist, nimm den Zettel und verbrenne ihn im Freien. Während er verbrennt, stell dir deine Ziele noch einmal vor und sprich sie laut aus.

Jetzt ist es vollbracht, und du darfst dich auf das Visualisierte freuen, denn du hast es ausgesprochen!

Feng-Shui
FÜR DEINEN ERFOLG

WAS BEDEUTET ERFOLG?

Frage dich zunächst erneut: Was bedeutet für mich persönlich Erfolg? Jeder definiert diesen nämlich anders. Für den einen besteht Erfolg in einer erfolgreich abgeschlossenen Ausbildung, für andere bedeutet Erfolg, im Job gesteckte Ziele zu erreichen, und für andere wiederum besteht Erfolg darin, innere Balance und gute Freunde zu haben. Tatsächlich umfasst Erfolg viele Lebensbereiche, wie unter anderem die Karriere/der Beruf, Wissen, Ruhm sowie auch hilfreiche Freunde und Ausgeglichenheit.

Dein Lebensweg

Entsprechend der Lehre des Feng-Shui befindet sich der Bereich der Karriere/des Berufs im Eingangsbereich deines Zuhauses. Dieser Bereich wird auch als der Lebensweg bezeichnet.

Was siehst du, wenn du deine Wohnungs- oder Haustür öffnest? Einen Berg Schuhe, übereinandergehängte Jacken und das Skatboard der Kinder? Ein solcher Anblick ist sehr anstrengend und überfordernd. Er stoppt den Chi-Fluss (die Energie). Wenn du jetzt gerade denkst „Oh Gott, sie beschreibt meinen Flur!“, dann nimm das erst einmal entspannt hin. Auch mir ging es nicht anders und ich dachte: Ich möchte das irgendwie anders haben! Nur wohin mit den Schuhen, Jacken usw.? Du bist ständig am Aufräumen und irgendwann nervt das dermaßen, dass dir wie aus dem Nichts ein Gedanke kommt und du einen Platz für alles findest. Manchmal gibt auch ein Buch eine Anregung oder du siehst bei Freunden gute Lösungen. Wenn ich heute meine Tür öffne, lächelt mich ein tolles Bild an und es ist hell; ich freue mich jedes Mal über meine Deko und habe Platz. Denn ich habe kurzerhand die Garderobe unter meiner Treppe einbauen lassen, das war bis dahin nur ungenutzter Raum gewesen. Es wird nicht jeder diese Möglichkeit haben, jedoch regt meine Lösung vielleicht zum Nachdenken an. Nur so viel: Mein Leben hat eine 360-Grad-Wendung erfahren, seitdem ich viel bewusster mir ein Zuhause geschaffen habe, welches ich jeden Tag mit Freude betrete.

Dein Eingangsbereich darf einladend sein und Platz haben. Im Idealfall gehen die Möbel fließend ineinander über und der Bereich ist klar und hell. Ein Bild, welches deinen Erfolgsfokus zeigt, erinnert dich immer an dein Ziel. Da der Erfolg dem Bereich Wasser zugeordnet ist, eignen sich eine blaue Schale, Kugel oder andere blaue Elemente als Dekoration.

Was für Bilder schmücken diesen Bereich bei dir, und an welchem Gegenstand kann dein Auge verweilen und sich erfreuen? Genauer gesagt, möchte das Chi (die Lebensenergie) verweilen, etwas Besonderes sehen, ein Klangspiel hören usw., damit sie dir nicht durchs Leben rinnt. Schaffe ein Genuss für das Auge! Wenn du die Tür öffnest und dich wohl fühlst, dann kann deine Lebensenergie dies auch.

Wissensbereich

Für den Erfolg ist auch der Bereich des Wissens wichtig, damit du auf dem neuesten Stand bleibst, dazulernst und stets neugierig bleibst, Neues zu erlernen. Wissen bedeutet auch Weisheit, innere Erkenntnis sowie Planung und Ausbildung. In diesem Bereich, der sich von deinem Eingangsbereich aus gesehen vorne links befindet, solltest du eine leere Schale aufstellen, die symbolisch dafür steht, stets mit neuem Wissen gefüllt werden zu können.

Des Weiteren kann dieser Bereich auch als Leseplatz genutzt werden, zum Meditieren oder Schreiben. Du kannst hier gut Bücher platzieren. Da dieser Bereich dem Element Erde zugeordnet ist, sind Farben wie Braun und Gelb sehr empfehlenswert.

Zugleich ist dies der Bereich der Information, Kommunikation und Weiterbildung. Deshalb bietet er den idealen Platz für die Anschlüsse der modernen Kommunikationsmittel (Router, Telefon etc.).

Ruhm

Der Bereich des Ruhmes ist zuständig für den guten Ruf, das Ansehen und die Popularität. Er befindet sich im hinteren mittigen Bereich deiner Wohnung, gegenüber von deinem Eingangsbereich. Möchtest du Projekte gern an die Öffentlichkeit bringen, aktiviere diesen Abschnitt mit Bildern oder Symbolen von diesem Projekt.

Die alten Feng-Shui-Meister platzierten dort oft eine Skulptur oder das Bild eines Vogels. Vögel können den guten Ruf um die ganze Welt tragen, denn sie kennen keine Grenzen. Der Vogel sollte in Richtung Süden ausgerichtet sein.

Kerzen und helles Licht verstärken und aktivieren diesen Bereich. Des weiteren darf es hier ruhig glänzen und glitzern, zum Beispiel mit Kugeln und anderen schlichten Deko-Elementen.

Zu diesem Bereich gehört auch die Heiterkeit im Haus, die in etwa mit lustigen Bildern oder auch dem Spielen von Musikinstrumenten aktiviert wird. Musik bringt immer gute Schwingungen in unsere Lebensräume.

Hilfreiche Freunde

Die Ecke der hilfreichen Freunde ist der Platz, an dem wir Menschen würdigen, von denen wir Unterstützung in unserem Leben erhalten möchten oder erhalten haben. Dieser Bereich befindet sich von deinem Eingangsbereich aus gesehen vorne rechts. Fotos von Freunden und besondere Erinnerungsstücke, die wir von Freunden erhalten haben, können dort aufgestellt werden. Sie sollten immer in unsern Lebensbereich hineinschauen.

Gleichzeitig sind hilfreiche Freunde auch spirituelle Persönlichkeiten, zu denen wir eine tiefe und enge Beziehung pflegen. Zum Beispiel Buddha, Erzengel, Heilige etc. Darüber hinaus können Klangspiele aus Metall diese Zone verstärken.

Heilsteine
FÜR DEINEN ERFOLG

ENERGIE TANKEN

Eine gute Frequenz und Schwingungsenergie für den Bereich des Erfolges strahlen die folgenden Heilsteine aus. Ihre Wirkung habe ich selbst ausprobiert und teile meine Erfahrung gerne hier mit dir.

Wolframit

Ein Stein, der Power, Kraft und Beweglichkeit fördert. Er kann von Kontrollzwang befreien, sodass man dem Fluss des Lebens wieder vertraut. Er schenkt Flexibilität und vor allem Mut. Gerade wenn man neue Wege gehen möchte, geht man mit seiner Unterstützung instinktiv richtig vor. Als Meditationsstein kann er Kräfte mobilisieren, die einem bisher von Vorhaben abgehalten haben. Man nennt ihn auch den Wächter des geistigen Raumes, der diesen frei und sauber hält.

Dieser Stein eignet sich am besten als dekorativer Stein in der Wohnung, er entfaltet hier wunderbar seine Wirkung.

Lavastein

Der Lavastein wirkt sehr erdend und unterstützt dich bei deinen Vorhaben und Neuanfängen. Dank ihm wird das innere Feuer entfacht und deine Leidenschaft und Kreativität fließen. Er stärkt den Geist, die Kraft, entfaltet dein Potenzial und deine Ausdauer. Man sagt ihm nach, dass er ein energetisierender Kristall ist.

Er wirkt unterstützend dabei, bodenständig zu sein und den Kontakt zur Erde zu halten und damit auf unserem Lebensweg zu bleiben. Er stabilisiert Energien, die vor emotionalen und körperlichen Schäden bewahren können.

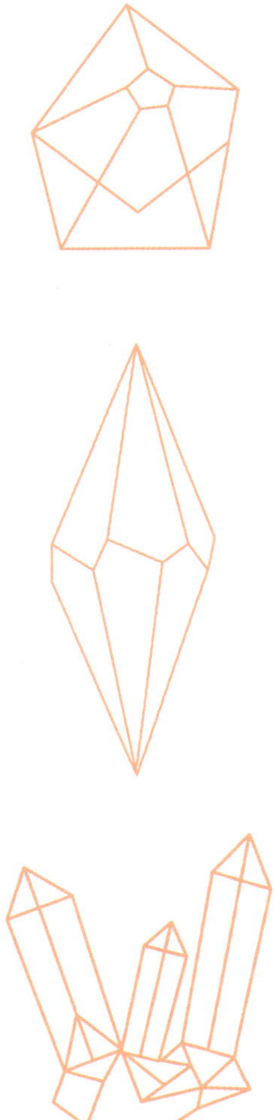

Türkis

Der Türkis ist einer der wichtigsten Heilsteine im Bezug auf Erfolg. Er stärkt die Kommunikation, das Durchsetzungsvermögen und die Tatkraft. Er fördert den Geldfluss, die Ausdauer, den Erfolg im Beruf, die Selbstständigkeit und die erfolgreiche Kommunikation mit wichtigen Menschen in deinem Umfeld.

Er kann zudem bei Melancholie und depressiven Gedanken dabei helfen, dass du wieder mehr Selbstbewusstsein erhältst.

LEBENSZAHL UND HEILSTEIN

Lebenszahl 1: Die guten Schwingungen des Rubins wirken mutmachend auf die Verwirklichung deiner Wünsche. Zudem steht der Rubin für Vitalität und Wohlstand.

Lebenszahl 2: Der Mondstein kann deine Emotionen ausbalancieren, und du kannst dich mit ihm auf deine Intuition verlassen. Er fördert Geduld und Gelassenheit sowie neue Inspirationen.

Lebenszahl 3: Eine besonders ausgleichende Wirkung auf die Psyche hat der Sonnenstein. Er kann dir neue positive Möglichkeiten bringen, die du mit Selbstvertrauen annimmst, und wirkt sich positiv auf dein Selbstwertgefühl aus.

Lebenszahl 4: Ein Granat kann dir Kraft und Lebensfreude schenken. Mit ihm zeigen sich neue Potenziale und er wirkt sich positiv auf dein Gedächtnis aus.

Lebenszahl 5: Klarheit, Stärke und Ausdauer sind Eigenschaften eines Aquamarins. Er wirkt sehr gut auf psychische Belastungen und fördert den Ausgleich. Außerdem sagt man ihm Verjüngung nach.

Lebenszahl 6 : Ein Achat kann sich sehr positiv auf dein Selbstvertrauen und Selbstwertgefühl auswirken. Er schafft Geborgenheit, befreit von Ängsten und fördert deine Selbstakzeptanz.

Lebenszahl 7: Ein Stein für den Einklang von Körper und Seele ist der Wassersaphir. Er kann dir bei deiner Weisheit und spirituellen Transformation helfen und verleiht Selbstsicherheit.

Lebenszahl 8: Ein Chalcedon bringt dir eine harmonische Ausgeglichenheit und steigert deine Aufmerksamkeit. Er fördert die Rhetorik und das sanftere Durchsetzen deiner Ziele.

Lebenszahl 9: Der Jaspis fördert deine Ausdauer sowie deine Willenskraft. Er wirkt sich zudem positiv auf dein Durchhaltvermögen aus und schenkt dir mehr Dynamik.

Affirmiere DEINEN ERFOLG

GIB DIR EIN VERSPRECHEN

Sei dir bewusst, welche Kraft du selbst hervorbringst, indem du dich selbst lobst und an deinen Erfolg ganz optimistisch glaubst. Schalte Gedanken wie Konkurrenz und Neid aus. Hier heißt es wieder „Stopp!" zu sagen. Wenn du selbst überzeugt bist, dass deine Idee, dein Vorhaben für dich bestimmt ist und du dich innerlich schon dabei siehst, wie alles sich erfüllt hat, dann bist du auf dem richtigen Weg.

Nur mit innerer Überzeugung und dem starken Wunsch aus dem Herzen wirst du die Lorbeeren dafür erhalten. Denke immer daran: Du brennst für eine Sache und möchtest von Herzen, dass sie erfolgreich wird. Also lass dich von niemandem davon abbringen. Es ist dein Leben, es sind deine Wünsche und es ist dein Erfolg, der dir wie jedem anderen zusteht.

Bei kleinen Zweifeln hilft es, dir zu sagen: „Ich bin stolz auf mich und ich darf erfolgreich sein." Oder auch: „Ich bin sehr erfolgreich, lebe meine Kreativität und freue mich jeden Tag auf neue Inspirationen."

Affirmiere so jeden Tag vor dem Spiegel deinen Erfolg, bis du selbst davon überzeugt bist und die Erfolge sich einstellen. Egal in welchem Bereich du deine innere Stärke und Überzeugung auffrischen möchtest, mach dir einen kleinen Post-it-Zettel und klebe ihn an deinen Spiegel. So vergisst du dein Streben nicht.

Es ist wichtig, das vor dem Spiegel zu tun, denn dort schaust du dich direkt an und sagst es nicht nebenbei auf dem Sofa. Vor dem Spiegel gibst du dir selbst ein Versprechen.

Meine Affirmationen dienen als kleiner Impulsgeber, vielleicht entwickelst du daraus auch eigene Affirmationen. Diese kannst du dir dann gerne hier notieren:

Manifestiere
DEINEN ERFOLG

SETZ DIR SELBST DIE KRONE AUF

Dein Erfolg hängt von deiner inneren Einstellung ab. Bist du gern erfolgreich und strahlst du dieses gewisse Etwas auch aus? Schon allein deine Haltung und dein Gesichtsausdruck zeigen, wie du im Leben und dem Erfolg gegenüberstehst.

Manchmal schleppt man alte Glaubenssätze mit sich herum – und glaubt mir, das geht fast allen so! Gegenüber anderen ist man positiv und überzeugt von sich und zu Hause kommen dann die Zweifel: Kann ich das wirklich? Meine Eltern, Lehrer etc. waren nie überzeugt von mir, und jetzt soll ich das wirklich können?

Bedenke bei alldem: Du hast dich im Laufe des Lebens verändert und deine Talente und Fähigkeiten kommen meist erst so richtig ab dem 30. Lebensjahr zum Vorschein. Da du neue Erfahrungen gemacht hast, dich weitergebildet hast und neue Menschen kennengelernt hast, die dich mit ganz anderen Augen sehen. Ein kleiner Tipp dazu: Sobald du spürst, jemand bremst dich aus oder redet deine Visionen oder Träume klein, lächle und geh aus der Situation raus, ohne dich zu erklären. Es hilft, glaub mir. Umgib dich stattdessen mit Menschen, die an dich glauben, das bestärkt.

Eine kleine Übung

Erlaube dir, erfolgreich zu sein! Das stärkt dein Selbstwertgefühl, macht dich viel ausgeglichener und bringt dich zum Strahlen. Und wenn du noch ein wenig haderst, dann wird dir diese einfache Übung helfen:

Stell dir vor, du trägst eine schwere Krone auf dem Kopf. Du musst gerade stehen und darfst die Schultern nicht hängen lassen, damit die Krone auf deinem Kopf bleibt. Dein Kopf streckt sich automatisch nach oben und du gehst sehr bewusst, ausdrucksstark und mit dem Gefühl und der Überzeugung: Ja, ich zeig mich und darf diese wundervolle Krone tragen.

Versuche bewusst in deinem Alltag eine Körperhaltung einzunehmen, die dich in voller Größe zeigt. Schultern nach hinten, Kopf hoch. Dein Unterbewusstsein registriert dies sehr schnell und dein Selbstbild zeigt dir dann: Du kannst alles im Leben erreichen.

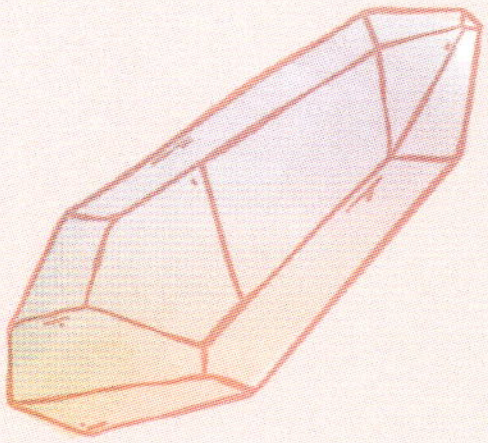

LIEBE

Liebe ist ein unergründliches „Phänomen“,
das jeder Mensch in seinem Leben haben möchte.
Aber was ist denn nun eigentlich Liebe?

Verliebt zu sein, sich leicht und fröhlich zu fühlen, sich ab und an total kindisch zu geben, Begehren zu spüren, Erotik auf höchstem Niveau zu erleben, sich auf das nächste Treffen zu freuen und vor lauter Euphorie das Essen zu vergessen (Ja, man nimmt automatisch ab ...), ist das Liebe? Nein, ist es nicht ... leider. Eine solche Verliebtheit ist eine tolle Erfahrung, die man nicht missen sollte, jedoch ist sie vergänglich.

Schafft man es, aus dem Verliebtsein auch Liebe wachsen zu lassen?

Ja! Jedoch anders als gedacht. Am Anfang steht das Begehren, was völlig normal ist. Körper möchten sich erkunden, Lippen möchten sich berühren, ungestillte Sehnsüchte wollen gestillt werden und Hände gehen auf Wanderschaft. Schließt euch drei Tage ein und lebt es aus, das gehört zum Leben.

Wie geht es weiter, wenn der Alltag Einzug hält?

Wenn es einem gelingt, den Menschen als etwas Besonderes zu sehen und nicht den Alltag auf ihn zu projizieren, dann sieht man in ihm eine Bereicherung im Leben, die nicht dazu da ist, all die Dinge, die gerade passieren, mit ihm zu teilen. Bisher hat man dies doch auch allein geschafft. Liebe ist nicht Seelsorge, sondern ein wohliges, entspanntes Gefühl, das langsam wachsen darf.

Meist ist es die Angst vor dem Verlust, die uns dazu anleitet, den eigenen, gesamten Alltag zu teilen, das Gegenüber permanent einzubeziehen, damit es vertraut ist und so nicht verloren geht. Diese Angst basiert aber auf alten Mustern aus der Kindheit, die Anerkennung und Bestätigung brauchen.

Die Welt ändert sich, und auch Partnerschaften stehen nicht still.

Weshalb kann nicht jeder seinen eigenen Freiraum haben, beruflich, finanziell und im eigenen Freundeskreis? Man muss nicht 24/7 zusammen sein. Das erfordert jedoch Vertrauen und nicht Angst und Eifersucht.

Eifersucht ist: Du gehörst mir und bist für mein Glück verantwortlich. Und wenn es mir schlecht geht, bist du auch verantwortlich. – Genau diese Einstellung darfst du jetzt ändern!

Du bist allein auf diese Welt gekommen und gehst allein. Es ist deine eigene Lebenszeit, die du mit deiner eigenen Freude erfüllen sollst.

Alles, was du erfährst, sind wundervolle Momente, Begegnungen und Erfahrungen, die man nicht missen möchte. Ein Partner ist nicht für das eigene Glück verantwortlich, sondern er bringt dich weiter, und bewegt dich dazu, eigene Erfahrungen zu machen und aus der Komfortzone herauszukommen. Gute Partnerschaften sind wie ein Katalysator: Sie halten dich nicht fest, sondern pushen dich.

Warum bleiben Menschen zusammen, die sich nicht lieben?

Aus Routine. Das Leid der unglücklichen Beziehung kennt man, etwas Neues kann man nicht einschätzen. Dahinter liegt die Angst, sein Leben selbst zu bestimmen. All dies ist menschlich und völlig normal.

Jetzt ist der beste Zeitpunkt, dies zu ändern!

Um uns ist nur Veränderung. Was willst du, was will dein Herz, traust du dich? Kleine Schritte werden zu großen. Was erfüllt dich im Innern? Wie möchtest du gerne leben? Diese Zeit ist geschaffen, einen neuen Sprung zu wagen.

Wann hast du spontan mit deinem Partner getanzt und nicht den Fernseher angemacht? Wann hast du ein Begehren auf dein Gegenüber gespürt und bist ihm nachgegangen? Es sind die Momente, in denen du sagst: Wow! Das ist Liebe. Dinge zu tun, die Wow-Momente erzeugen. Deinem Inneren zu folgen und nicht dem Mainstream. Liebe gibt frei und gönnt dem anderen nur das Beste.

Gemeinsame Erlebnisse, und wenn sie noch so verrückt sind. Dein Gegenüber nicht formen zu wollen, sondern das Besondere in ihm/ihr zu sehen. Lachen, Lieben und gemeinsam das Leben zu genießen – das ist Liebe.

Und nicht zu vergessen, dich selbst zu lieben und dich anzunehmen, so wie Du bist – einzigartig.

Numerologie
FÜR DEINE LIEBE

EINZIGARTIG EIGENARTIG

Liebe kennt keine Grenzen. Wenn sich zwei Menschen begegnen, die sich anziehend finden, so kann daraus eine schöne Partnerschaft werden, indem man die Eigenarten des anderen annimmt und nicht zum Thema macht.

Es gibt in der Numerologie Kombinationen von Lebenszahlen oder „Typen", die hervorragend zusammenpassen und andere nicht so sehr. Wichtig ist aber nur zu wissen, wie der andere „tickt" und ob du (DU – nicht dein Umfeld) damit zurechtkommst und darüber lächeln kannst. Auch in der Liebe gilt: „Wer will, findet Wege und wer nicht will, findet Ausreden."

Anhand deiner Lebenszahl (siehe Seite 13) kannst du auf den folgenden Seiten entdecken, was dich in Sachen Liebe und Partnerschaft ausmacht.

Vorab lohnt es sich, dir einmal bewusst zu machen, wie du selbst „tickst" und was deinen* Partner*in ausmacht und von anderen unterscheidet. Unten findest du deshalb Platz, um eure wesentlichen „Ticks" zu notieren.

Eure Eigenarten

Ich ______________________________

Mein*e Partner*in ______________________________

1 **Die „Pioniere“** Die Freiheitsliebe bedeutet dir auch in der Partnerschaft sehr viel, du magst dich nicht einengen lassen. Hast du dich einmal für den/die richtige*n Partner*in entschieden, so bist du treu und zuverlässig. Jedoch magst du gern auch die Führung übernehmen. Du bist leidenschaftlich und auf der Suche nach der wahren Liebe.

2 **Die „Diplomaten“** Mit deiner sensiblen und einfühlsamen Art kannst du dich manchmal schwer entscheiden. Du bist sehr harmoniebedürftig und Partnerschaft steht über allem. Auch hast du die Gabe zu erkennen, was dein Partner gerade braucht. Charme und Sinnlichkeit wird bei dir großgeschrieben.

3 **Die „Kreativen“** Deine Fröhlichkeit und Lebendigkeit sind ansteckend. Du bist sehr begehrt, lässt dir jedoch Zeit, dich für einen Partner zu entscheiden. In einer Partnerschaft möchtest du deine Freude, Selbstverwirklichung und Kreativität ausleben. Als optimistischer Mensch bist du selten nachtragend. Ein Partner/eine Partnerin, der/die Ruhe und Beständigkeit ausstrahlt, ist die perfekte Ergänzung für dich. Sexualität und Erotik ist Freude und Spiel.

4 **Die „Analytiker“** Was für dich am wichtigsten ist, ist die Zuverlässigkeit des Partners/der Partnerin. Du nimmst die Liebe sehr ernst und magst keine Spielchen. Für dich muss Sexualität und Partnerschaft „normal“ sein. Experimente sind nicht dein Ding. Die Ehe ist für dich wichtig und du möchtest traditionell leben.

5 **Die „Abenteurer“** Wie der Begriff es sagt, es muss abenteuerlich und aufregend sein. Du zeigst Mut, wenn dein Interesse geweckt ist. Worte spielen eine große Rolle, da du hier die Verbundenheit mit dem Partner spürst. Aussehen und Charme sind wichtig für dich und du kannst mit allen Sinnen Sexualität leben.

6 **Die „Idealisten“** Du wirkst sehr anziehend für das andere Geschlecht. Jedoch wählst du sehr genau. Eine stabile Basis auch im Materiellen ist für dich wichtig, denn du möchtest deine Ideale in einer Ehe verwirklichen. Wenn du dies gefunden hast, bist du sehr hingebungsvoll und sinnlich.

7 Die „Spirituellen“ Du bist sehr warmherzig und feinfühlig und sehr gern mit dir selbst beschäftigt. Für eine harmonische Beziehung brauchst du Treue, Verantwortungsbewusstsein und gleiche Ziele mit deinem Partner/deiner Partnerin. Dein Partner/deine Partnerin muss dich auf intellektueller Ebene erreichen, dann kannst du eine feinfühlige und leidenschaftliche Sexualität leben.

8 Die „Chefs“ Erfolg ist dir in die Wiege gelegt, daher gehst du meist spät eine Ehe ein, da zuerst deine beruflichen Ziele Stabilität und Vorrang haben. Du musst dich intellektuell zu deiner*m Partner*in hingezogen fühlen und brauchst gemeinsame Ziele mit ihr*ihm. Alles oder nichts ist auch hier die Devise, liebt der Partner/die Partnerin dich oder nicht. Darüber reden musst du nicht, du spürst das und dann bist du leidenschaftlich und sehr sinnlich.

9 Die „Herzmenschen“ Du bist einfühlsam, feinfühlig, selbstlos und sehr hilfsbereit. Damit du dich nicht verlierst, brauchst du einen Partner oder eine Partnerin der bzw. die dich bedingungslos liebt, romantisch ist und dir zeigt, was du ihm bzw. ihr bedeutest und dir deinen individuellen Freiraum lässt – dann kannst du Liebe, Schönheit und Erotik in vollen Zügen genießen.

Rituale FÜR DEINE LIEBE

AN ERSTER STELLE STEHST DU

Eine partnerschaftliche Liebe, die dich bereichert, sodass du dich jeden Tag auf dein Gegenüber freust und gern mit dem Partner/der Partnerin redest, etwas unternimmst und liebst – das ist eine wunderbare Erfüllung in deinem Leben.

Der Beginn einer solchen Erfüllung ist immer die Selbstliebe zu dir. Anderenfalls, wenn dir diese fehlt, bist du nicht authentisch, sondern passt dich dem Partner/der Partnerin an, nur damit du nicht allein bist. Das führt früher oder später zu Frustration, Melancholie und Kummer.

Es gibt ein schönes Ritual, das dein Selbstwertgefühl steigert und das eigene Annehmen fördert. Denn dann kannst du entspannt in eine Partnerschaft gehen und Komplimente annehmen, ohne das Gefühl zu haben: Der meint doch nicht mich! Dieses und weitere Ritual zeige ich dir im Folgenden.

Entdecke wahre Selbstliebe

Schau dich einmal komplett nackt im Spiegel an. Ja ich weiß, dass ist gewöhnungsbedürftig. Sofort siehst du etwas, was dir gar nicht gefällt. Und genau dies ist so wichtig. Schau genau das Körperteil an dir an, welches du so wahnsinnig gern verändern möchtest. Sagen wir mal, es ist dein Bauch, der etwas flacher sein soll. Streichle ihn, lächle und stell ihn dir so vor, wie du ihn gern hättest.

Und nun stell dir die Frage: Was würde sich durch einen flacheren Bauch in meinem Leben verändern? Was würde sich in mir als Mensch verändern? Du würdest im Außen dem Bild entsprechen, das der Mainstream dir vorgibt, würdest dich abquälen und hungern, genervt sein und krampfhaft versuchen, diesen Zustand zu erhalten.

Anstrengend, oder? Du ziehst keinen potenziellen Partner/keine potenzielle Partnerin damit an, höchstens jemand, der/die absolut auf Äußerlichkeiten steht, und wenn nach ein paar Jahren des Älterwerdens der Lack ab ist, wirst du ausgetauscht.

Und genau jetzt schaust du noch einmal in den Spiegel – nackt. Was siehst du? Einen attraktiven Menschen, der vielleicht Formen und Rundungen hat, gesund ist, lachen kann, das Leben genießt, jede Zelle seines Körpers mag und liebevoll damit umgeht. – Deine Ausstrahlung macht dich attraktiv, denn sie zeigt, ob du in Balance mit dir bist und das Leben auch als Geschenk siehst oder nicht.

Wenn du jetzt gern wieder bereit und offen bist (genauso wie du bist), einen Partner/eine Partnerin in dein Leben zu ziehen, bekommst du automatisch dein passendes Gegenstück.

Ein wundervolles Ritual aus Malaysia

1. Nimm eine runde Glasschale. Platziere darin schöne Steine und fülle sie mit Wasser. In die Mitte der Schale stellst du eine Kerze und legst auf das Wasser frische Blütenblätter (rot oder rosa).

2. Bei Einbruch der Dunkelheit zündest du die Kerze an und wünschst dir deinen Herzensmenschen herbei.

Das Wasser und die Blüten sollten stets frisch sein! Zudem kann man gerne die chinesische Doppelacht dazulegen, sie stellt das alte Hochzeitssymbol der Chinesen dar.

Ein romantisches Ritual aus England

Da die Liebe mit Rosen verbunden ist, gibt es ein weiteres schönes Ritual aus England, welches zum Vollmond vollzogen werden kann. Man sagt, Rosenblätter ziehen die Liebe an:

Pflücke dir frische Rosenblätter (rot oder rosa). Geh in einer Vollmondnacht bei Mondschein nach draußen (in deinen Garten oder auf den Balkon – auf jeden Fall im Freien) und wirf die Rosenblätter über deine linke Schulter nach hinten, damit dich dein Herzensmensch entdeckt und du ihn magisch anziehst.

Heilsteine
FÜR DEINE LIEBE

KOMM IN DEINE BALANCE

Um die Frequenz und Schwingung in deinem Herzen auszubalancieren und zu aktivieren, sind Heilsteine eine wundervolle Unterstützung. Im Folgenden stelle ich dir einige Steine vor, die dich in Sachen Liebe unterstützen können.

Rosenquarz

Der beste Stein, um die Schwingungen in deinem Herzen auszubalancieren, ist der Rosenquarz. Ich empfehle dir in jedem Raum deines Zuhauses zwei Rosenquarzsteine zu platzieren. Damit sind die Harmonie und Ausgewogenheit in deinem Zuhause gegeben.

Der Rosenquarz direkt am Körper als Stein oder Schmuck getragen, kann seine Wirkung gezielt in dir entfalten. Die Bereiche der Harmonie, Balance, Lebensfreude, Lebensenergie und vor allem der Herzöffnung (des Herz-Chakras) werden gestärkt. Dazu gehören auch die Sexualität, Öffnung für eine Partnerschaft sowie Ausgeglichenheit in der bestehenden und die Ausstrahlung, da der Rosenquarz die Aura stärkt und du das anziehen kannst, was du dir wünschst.

In der Mythologie heißt es, Amor, der Gott der Liebe, habe den Rosenquarzstein auf die Erde gebracht, um den Menschen die Liebe zu schenken. Er macht empfänglicher für Liebe und weckt Sehnsüchte und Wünsche. Man sagt ihm auch die Wirkung nach, dass er zur Fruchtbarkeit verhelfe.

Grüne Jade

Die grüne Jade unterstützt Mut und Zuversicht, lindert Stress und Nervosität und schenkt Humor und Heiterkeit. Er wird dem Herz-Chakra zugeordnet und hat auch hier eine ausgleichende und harmonisierende Wirkung. Wut und Ärger werden besänftigt. Da man dank ihm viel entspannter und offener auf Menschen zugehen kann, ist er auch der Stein, der Freundschaft in Liebe umwandeln kann. In bestehenden Beziehungen wirkt er bei Krisen. Er lässt uns Beziehungen realistischer sehen und harmonisiert unsere Gefühle. Er wirkt herzöffnend und schützt uns davor, dass uns nicht mehr so viel sehr nah geht.

Türkis

Er fördert eine gute Kommunikation mit wichtigen Menschen in deinem Umfeld. Ist ein Stein des Erfolgs und aktiviert die Lust und die Leidenschaft. Er schafft eine emotionale Balance und fördert das Geben und Empfangen von Liebe.

Smaragd

Der Begriff Smaragdhochzeit (nach 55 Jahren) zeigt schon, welche Bedeutung dieser Stein hat. Er ist ein Stein für eine erfolgreiche Liebe. Schon in der Antike wurden die Göttinnen Aphrodite und Venus damit geehrt – Schönheit, Harmonie und Fruchtbarkeit. Man sagt ihm nach, dass er für Treue spricht und erkennen lässt, ob die Liebe die richtige ist. Einen Smaragd geschenkt zu bekommen, ist ein großer Liebesbeweis.

Granat

Bei der Wirkung vom Granat spricht man von Leidenschaft, Romantik und Lust. Er wirkt stimulierend auf das sexuelle Verlangen, die Ausdauer, Fruchtbarkeit und Potenz. Die inneren Flammen der Emotionen lodern. Ein Stein, der wundervoll aussieht und den man direkt am Körper als Schmuck tragen sollte.

Rubin

Ein Rubin wird auch als „Stein der Liebe“ bezeichnet. Ein Symbol für Sexualität, Hingabe, Lust und Leidenschaft. Er zieht romantische Partner an und stärkt die Energie und Ausdauer für sinnliche Lebensfreude. Der Rubin steht für ein Leben voller Liebe. Ihn sollte man als wundervolles Schmuckstück tragen bzw. sich von dem Menschen schenken lassen, mit dem man ein Leben voller Liebe erleben möchte.

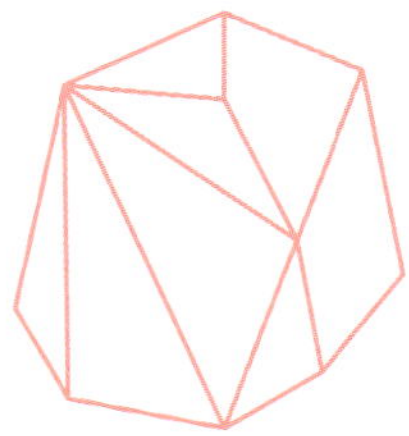

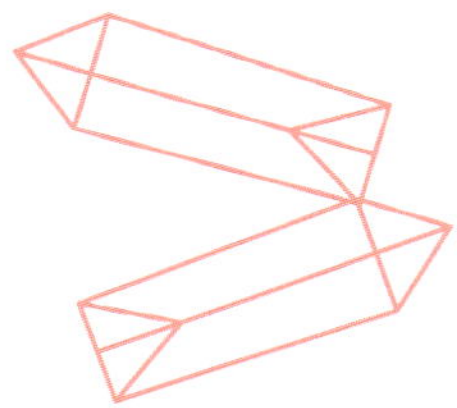

Rhodochrosit

Solltest du nicht mehr an die Liebe glauben und ein gebrochenes Herz haben, so trag diesen Stein. Man nennt ihn den Stein „des mitfühlenden Herzens“ und er hilft bei Liebeskummer, aktiviert die positive Lebenseinstellung und lässt dich wissen, dass die Liebe eines Tages in dein Leben zurückkehren wird und dass du wieder offen bist.

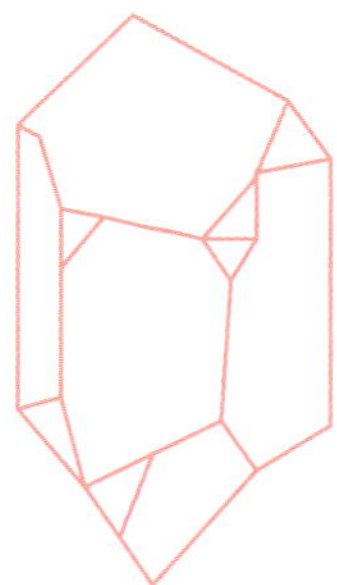

LEBENSZAHL UND HEILSTEIN

Manchmal sind die Liebe und Leidenschaft etwas eingeschlafen, und du möchtest diese wieder mehr in deinen Fokus rücken. Lies nach, was mit deiner Lebenszahl dazu möglich ist.

Lebenszahl 1: Ein roter Jaspis kann bewirken, dass man die Hemmungen fallen lassen kann, er wirkt stimulierend, förderlich für die Ausdauer und Leidenschaft, sodass du nicht kontrollieren möchtest.

Lebenszahl 2: Eine ausgleichende Wirkung hat der Feuerachat. Er bewahrt vor Stimmungsschwankungen und kann eine Leidenschaft und das Feuer entfachen, welches dir mehr Selbstvertrauen verleiht.

Lebenszahl 3: Man nennt ihn den Stein der Weiblichkeit: der Mondstein. Er kann bei dir eine positive Wirkung auf deinen Körper erzeugen, und du entwickelt Leidenschaft, Lebenslust und Gefühle. Zudem wird das Gefühl der Verbindung gestärkt.

Lebenszahl 4: Bei dir kommt der Granat wunderbar zum Tragen. Er kann die Lust und Leidenschaft hervorrufen und hat vitalisierende Energien. Außerdem unterbricht er das permanente Analysieren des Verstands.

Lebenszahl 5: Ein Smaragd macht zufrieden, ausgeglichen harmonisch und entfacht neue Leidenschaft. Er kann dir Romantik bringen und stärkt Beziehungen, sodass du ein Gefühl des Zusammengehörens spürst.

Lebenszahl 6: Ein Citrin fördert deine Offenheit, und du kannst dein Temperament ausleben, da er dir mehr Mut für dich selbst gibt.

Lebenszahl 7: Der Rosenquarz macht dich für die Liebe empfänglicher und kann deine Sehnsüchte und Wünsche hervorholen und deine Leidenschaft und Erotik erwecken.

Lebenszahl 8: Ein Feueropal verleiht Begeisterung und Spontanität. Bei schweren Gedanken und Antriebslosigkeit kann er dir behilflich sein, sodass die Liebe wieder aufblühen kann.

Lebenszahl 9: Ein rosa Turmalin bringt ein seelisches Gleichgewicht und schützt vor negativen Einflüssen. Er kann bei dir die Lust steigern und Romantik entfachen.

Feng-Shui FÜR DEINE LIEBE

DEINE PARTNERSCHAFTSECKE

Bist du in Liebe mit dir und bereit, diese zu teilen oder wieder eine Liebe in dein Leben zu lassen?

Wenn der Wunsch da ist, sich aber noch nicht verwirklicht, dann schau in deine Partnerschaftsecke und peppe sie auf. Dies betrifft auch eingeschlafene Partnerschaften – hol das Feuer wieder hervor!

Die Partnerschaftsecke ist die hintere rechte Ecke deines Heimes, von der Eingangstür aus gesehen. Sie steht nicht nur für den Beziehungsbereich, sondern auch dafür, wie sich generell die Partnerschaften in deinem Leben auswirken, zum Beispiel jene mit Kollegen und Freunden.

Vorrangig schauen wir hier aber die Liebespartnerschaft an. Bist du Single oder läuft deine Beziehung nicht so rund – dann solltest du dir diese Ecke genau anschauen! Aufgeräumt sollte sie sein, helle Farben, keine schweren Möbel, leicht und besonders, sodass du mit einem wohligen Gefühl gerne hinschaust.

Sie sollte hell sein und abends vielleicht sogar mit sanftem Licht bestrahlt werden. Am besten eignet sich ein kleiner Beistelltisch oder ein dekorativer Blumenständer. Achte darauf, dass du eine Dualität herstellst: Es sollten idealerweise stets zwei Gegenstände dort Platz finden. Da Rosen die Blume der Liebe sind, kannst du hier zwei kleine Topfrosen aufstellen (rot oder rosa – die Farben der Liebe). Man sagt, die Erde und Wurzeln der Rosen tragen dazu bei, dass sich die Liebe verwurzeln und wachsen kann und aufblüht.

Auch zwei Rosenquarzsteine oder zwei Kerzen in der Partnerschaftsecke wirken sich positiv aus. Verbinde diesen Bereich mit Romantik und Sinnlichkeit. Stell dir vor, du kommst nach Hause, hast vielleicht noch die Arbeit im Kopf und bist noch gar nicht auf Liebe eingestellt. Dann schaust du in deine Partnerschaftsecke und siehst, wie sich die Knospen der Rosen öffnen, das Mandarinen-Entenpaar sich in die Augen schaut und die zwei Herzen dich anstrahlen. Du strahlst automatisch mit und dein Herz öffnet sich.

Zünde abends die beiden Kerzen an – das ist Romantik pur. Eine schöne Skulptur oder ein Bild eines Paares, das der Liebe zugewandt ist, eignen sich hier auch sehr gut.

Kleine Überraschung

Für bestehende Partnerschaften kann dieser Bereich auch als Auffrischung der Beziehung genutzt werden. Überrasche deinen Herzensmenschen doch einmal und leg etwas für ihn oder euch beide Bestimmtes dahin. Vielleicht eine Einladung zum Essen oder Konzertkarten … Und wer weiß, vielleicht liegt schon ein paar Tage später etwas für dich dort. Dies kann ein schönes Ritual für euch beide werden.

Manifestiere
DEINE LIEBE

DEN ZAUBER AUFRECHTERHALTEN

Liebe auf den ersten Blick. Ein Blick, der uns innerlich pulsieren lässt. Eine Berührung, die den Wunsch nach Verschmelzung hat. Ein Kuss, der nie enden soll. – Unser Herz hüpft vor Freude und wir sind auf einer wunderschönen rosaroten Wolke.

Jedoch kommt irgendwann der Alltag

Einkaufen. Was kochen wir heute? Wer bringt nun endlich den Müll raus? Das Fahrrad hat keine Luft mehr im Reifen. Besuch kommt am Wochenende und Essengehen mit unseren Freunden wollten wir auch noch. Und natürlich die Arbeit. – Oh oh, da kommt ganz schön was zusammen! Und dann noch Liebe und Sinnlichkeit fühlen und schenken? Hat man den Kopf dafür noch frei?

Es sind ganz gewöhnliche Dinge, die uns manchmal zum Verzweifeln bringen und über die wir ein anderes Mal lächeln.

Eine Partnerschaft braucht genau auch dieses alltäglich Leben, sich miteinander absprechen. Dem Partner/der Partnerin auch sagen zu können: „Das wird mir jetzt echt zu viel“, erleichtert uns den Alltag.

Wichtig ist, sich immer wieder und trotz des Alltagsstresses daran zu erinnern, wie es am Anfang war: diese schönen Schmetterlinge im Bauch, das Bedürfnis danach, den anderen spüren zu wollen, ein Dauergrinsen im Gesicht, viel Lachen, Unbeschwertheit. Und genau mit diesen Gedanken kann man dem anderen sagen: „Schön, dass es dich gibt, ich habe dich lieb.“ Und wenn es tatsächlich Liebe ist, versteht er es und kann es zurückgeben. Denn Zusammenleben in der Partnerschaft bedeutet nicht in einer gemeinsamen WG zu leben, sondern gegenseitige Aufmerksamkeit, Wertschätzung und Leidenschaft. Ohne Leidenschaft kann der Zauber der Liebe nicht erweckt werden.

Und wie schaut es denn mit unseren Verführungskünsten aus, damit diese Liebe bleibt?

Einfach mal im Wohnzimmer tanzen, zum Beispiel zu Frank Sinatras „Stranger in the Night“. So ganz eng, langsam, küssend und dabei wieder dieses Verlangen spüren, mit dem anderen verschmelzen zu wollen.

Ab und zu eine Rose zu bekommen, einfach so, zaubert automatisch ein Lächeln aufs Gesicht und man sieht den Partner wieder mit den Augen des Kennenlernens und lächelt verführerisch.

Gemeinsam ein Bad nehmen mit Kerzen und Sekt. Man kann abschalten, entspannen, miteinander reden und Sinnlichkeit genießen. – Eurer Fantasie lasse ich hier freien Raum.

Auch in einer Partnerschaft kann man sich für einen erotischen Abend verabreden. Die Vorfreude darauf bringt genau dieses Prickeln, wie bei der ersten Verabredung.

Ich nenne all das: eine Liebe leben. Sie ist nicht selbstverständlich und wir sollten uns mehr Zeit dafür nehmen.

Groll, Wut, verletzte Gefühle, Erwartungshaltungen machen verbittert, alt und sorgen nur für Falten.

Liebe ist wie ein Stern am Himmel, strahlend, faszinierend, wunderschön, und schwebt leicht dahin mit jedem Luftzug. Sie bringt ein harmonisches Gefühl, ein Ankommen.

Es wird nicht jeden Tag so sein, jedoch sollten es immer mehr dieser Tage werden, und du darfst dir deiner Gedanken dazu immer bewusster werden. Liebe ist etwas Wundervolles, wenn sie bei dir angekommen ist, pflege und hege sie, denn sie ist eine Bereicherung deines Lebens.

Affirmiere
DEINE LIEBE

HAB VERTRAUEN

Wenn die Liebe in dein Leben Einzug halten soll, dann sei dir bewusst, dass du sie verdient hast. Vor allem stärke deine Eigenliebe. Unterstütze dich selbst dabei, dein positives optimistisches Gefühl, dass du es dir wert bist, zu stärken.

Meist sind es Trennungen und Verluste, die es uns bisweilen etwas schwer machen, wieder Vertrauen zu haben und sich der Liebe zu öffnen.

Ein weiteres Erschwernis sind auch die Social Media und die Werbung. Etwas überspitzt dargestellt suggerieren sie: Du musst ... schlank, erfolgreich, immer topgestylt, natürlich strahlend und jung aussehen! Ganz ehrlich, nun überleg mal, wie das Model aus der Werbung frustriert zu Hause sitzt und nix essen darf, was ihr wirklich schmeckt.

Versuch dem Ganzen den Rücken zuzukehren, denn stell dir vor, alle würden dem gleichen Bild entsprechen – das ist langweilig und deine Aura kann sich dabei auch nicht entfalten.

Jeder Mensch hat etwas Besonderes, nur vergisst man, das auch auszustrahlen. Authentisch zu sein und sich lebensbejahend zu zeigen, macht attraktiv. Deine Ausstrahlung macht dich attraktiv und zieht genau den richtigen Partner/die richtige Partnerin an. Auch wenn es schon mal schief gegangen ist, dann kommt eben jetzt erst der Richtige/die Richtige.

Bei so vielen Menschen auf dieser Welt werden sich immer zwei finden, die spüren: Wir gehören zusammen. Verliere nie diesen Glauben, denn auch du verdienst es, geliebt zu werden.

Spieglein, Spieglein ...

Es ist nun mal so, dass unser Unterbewusstsein einige Wiederholungen braucht, um einzusehen „Das ist jetzt so“, und damit du auch nicht mehr an deine alten Glaubenssätze und Muster erinnert wirst.

Zu empfehlen wäre daher, so zu beginnen: Wie immer vorm Spiegel lächelnd, bis du automatisch in den Spiegel schaust, richtig lachst und dir sagst: ICH WEISS! Du weißt ja, der Spiegel ist das Versprechen an dich selbst.

„Ich bin schön, ich bin es wert, geliebt zu werden, und ich bin faszinierend.“

Und solltest du mal wieder an dir selbst zweifeln und diese Zeilen nur lustlos sagen, dann darfst du dir selbst ein Stopp geben: „Stopp! Ich gehe jetzt den neuen Weg. Meine Gedanken, kommt morgen wieder, wenn ihr meint, dass ihr das braucht. Heut habe ich anderes vor.“ – Geh mit dir selbst spielerisch und humorvoll um. Wichtig ist nicht Hoffen oder Wünschen, sondern die Überzeugung „Ich bin, ich weiß.“. Sei überzeugt von dir und strahle alles so aus, als ob es schon geschehen ist.

Wenn du diesen Punkt erreicht hast, dann gehst du zum Partner/zur Partnerin über: „Ein wundervoller Mensch ist auf dem Weg zu mir, ich spüre es, und bin voller Freude für diese wundervolle, leidenschaftliche und liebevolle Partnerschaft, die mich so sehr bereichert. Danke, dass ihr mir diesen Menschen geschickt habt.“

Fang an, (wieder) zu träumen

Erlebe dich in diesen schönen Gedanken! Und als kleine Hilfestellung, damit es nicht zu gedankenlastig wird, kommt nun ein Beispiel fürs Träumen:

Heiße Sommernächte, ein erotisches Prickeln liegt in der schwülen Nacht, Küsse entführen in das Reich der geheimsten Träume, Flüstern liebevoller Worte entfacht Begierde, Herzen wollen innig verschmelzen und rauben dir den Atem, bis die verborgenen Träume in einem Feuerwerk der Leidenschaft verschmelzen.

Herzen und Seelen möchten Liebe, die frei von Ängsten ist. Gefühle, Lust und Leidenschaft wollen gelebt werden. Diese wundervollen Energien beflügeln, bringen Balance, Entspanntheit, Zufriedenheit, Leichtigkeit und eine wunderbare Verbundenheit mit dem Partner/der Partnerin.

Träume sollen sich erfüllen. Glaube an Wunder, und sie werden wahr!

Egal an was du glaubst, schon im Markus-Evangelium steht: „Alles, worum ihr betet und bittet – glaubt nur, dass ihr es schon erhalten habt, dann wird es euch zuteil." Probiere es aus!

Dies dient als dein kleiner Impulsgeber und vielleicht entwickelst du daraus auch wieder eigene Affirmationen. Diese kannst du gern hier notieren:

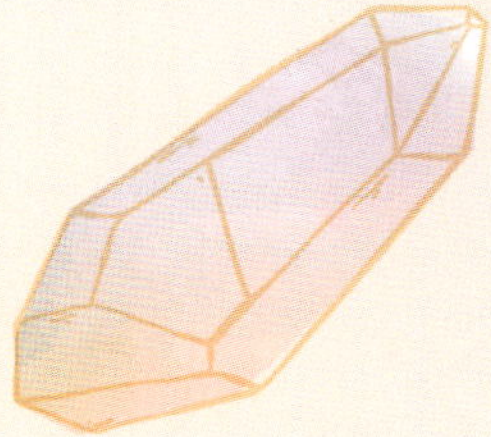

GELD

„Geld ist nur ein Werkzeug. Es wird dich hinbringen, wohin du willst, aber es wird dich nicht als Fahrer ersetzen."

Ayn Rand

Geld hat etwas mit deinem Selbstwert zu tun. Es ist nicht das Wichtigste im Leben, jedoch ermöglicht es dir viele Annehmlichkeiten und Wunscherfüllungen. – Zu dieser Betrachtungsweise erhalte ich oft die Reaktion: „Ja wenn man es hat, kann man so reden!“ Oder: „Ich muss Geld verdienen, um zu überleben!“ Bei diesen Reaktionen werden Glaubenssätze aktiv, die uns beigebracht wurden, z. B. „Für Geld musst du hart arbeiten“ oder „Zu viel Geld verdirbt den Charakter“.

Diese Glaubenssätze kommen aus einer Generation, die den Krieg erlebt und ums Überleben gekämpft hat. Und wir dürfen auf unsere Vorfahren stolz sein. Darauf, dass sie etwas geschaffen haben und uns diese heutige Zukunft ermöglicht haben. Jedoch leben wir heute in anderen Verhältnissen und reden über „Luxusprobleme“ oder über „echte Existenzängste“. Damals gab es noch kein „Bürgergeld“ oder einen Ort, wo man umsonst Lebensmittel bekam, wie die Tafel heute.

Ist Geld für dich etwas Schönes, das du gern in deinem Leben hast und auch gern und mit Freude ausgibst? Ja, das ist es vermutlich. Denn Geld gehört zum Leben wie die Zahnpasta, die für dich genauso wichtig ist. Die Frage ist eher: Was machst du denn damit? Wofür möchtest du mehr Geld haben? Stell dir vor, du hast im Monat nach Abzug deiner Verbindlichkeiten 1000 Euro übrig. Und nun wünscht du dir fünf Millionen Euro: Was fängst du damit an? Du weißt es nicht. Luxus, schöne Dinge kaufen, und dann? Dahinter stecken Begrenzungen, die man sich selbst auferlegt: „Ich möchte zu den oberen Zehntausenden gehören.“ Jedoch würdest du dich gar nicht wohl fühlen, wenn es wirklich so wäre.

Hab Träume, die sich für dich gut anfühlen, und vor allem sei überzeugt, dass es für dich bestimmt ist – dann ziehst du Geld in dein Leben. Geld ist dafür da, dein Leben so gestalten zu können, wie du es dir vorstellst. Gönn dir etwas und halte nicht verbissen fest. Millionäre haben meist eine innere Überzeugung, dass ihre Arbeit, ihre Idee, Früchte tragen wird. Und ihr finanzieller Erfolg beginnt immer mit der Leidenschaft, etwas erschaffen zu wollen, ohne darüber nachzudenken, wie viel Geld man im idealsten Fall damit verdienen kann. Wenn du einem reichen Menschen alles wegnimmst, dann hat er zwar nichts mehr, aber sein innerer Reichtum und seine Überzeugung werden ihm den Reichtum zurückbringen. – Zu diesem inneren Reichtum kannst und darfst auch du kommen!

Numerologie
FÜR DEIN GELD

WIE IST DEIN VERHÄLTNIS ZU GELD, UND WIE KOMMT ES ZU DIR?

Anhand deiner Lebenszahl, die du auf Seite 13 berechnet hast, kannst du jetzt herausfinden, welche Fähigkeiten und Talente im Bezug auf Geld in dir stecken. Vertraue diesen Fähigkeiten und folge deinen Leidenschaften und deinem inneren Reichtum.

1 **Die „Pioniere“** Du hast ein Ziel und gehst Schritt für Schritt darauf zu. Geld fließt dir leicht zu, denn du bist innovativ, zielgerichtet und glaubst an deine Fähigkeiten. Dein Bedürfnis nach Unabhängigkeit gibt dir den inneren Impuls, etwas zu erschaffen und daran zu arbeiten. Du gibst nicht auf. Wenn du dich jedoch nicht sicher fühlst und mit dir nicht im Reinen bist, dann glaubst du nicht an dich und deine Fähigkeiten. Du bist einzigartig, und Geld darf zu dir kommen.

2 **Die „Diplomaten“** Am glücklichsten fühlst du dich damit, in einem Team zu arbeiten und dort gemeinsam etwas mit zu erschaffen, sodass du für deine Leistungen anerkannt und bezahlt wirst. Du versuchst immer eine gewisse Harmonie herzustellen und bist sehr feinfühlig und sensibel. Zu erkennen, dass du etwas Besonderes bist mit deinen Gaben, ist sehr wichtig für deinen Selbstwert. Deine Leistungen sind hervorragend, nur deine Konfliktscheue hält dich manchmal davon ab, zum Beispiel nach einer Gehaltserhöhung zu fragen. Begrenze dich nicht im Thema Geld und sag dir nicht: Das reicht mir. Ohne dich wäre es nicht so ausgeglichen und vergiss nie, dass du den Blick aufs Detail hast, daher steht dir Geld in allen Größenordnungen auch zu.

3 **Die „Kreativen“** Alles, was du tust, kommt voller Kreativität und Lebensfreude, daher steht Geld bei dir nicht im Vordergrund. Du gibst es sehr gern aus und bist überzeugt, es kommt eh wieder zurück. Jedoch können deine vielen Visionen manchmal zur Sprunghaftigkeit führen und gerade in finanziellen Dingen etwas Chaos verursachen. Im Laufe der Jahre erkennst du jedoch, dass eine gewisse Ordnung und Struktur in deinen Projekten und in finanziellen Dingen dir mehr Stabilität bieten kann. Du machst es dir manchmal selbst schwer. Dein Optimismus und deine Lebensfreude schenken dir jedoch regelrecht das Geld.

4 **Die „Analytiker“** Du bist sehr praktisch und zielstrebig veranlagt, daher wirst du von Anfang an Geld haben. Du erarbeitest es dir systematisch und vernünftig, ohne Risiken einzugehen.

Deine traditionelle Einstellung kann dir zeitweise eine gewisse Sturheit bringen, da du für andere Ideen, die von der Normalität abweichen, nicht offen bist. Du begrenzt dich dann in deinen eigenen Werten und in dem, was noch möglich wäre. Es ist so, dass du von dir aus sagst: Das habe ich und brauche ich und das reicht mir. Etwas mehr Humor, den du auf jeden Fall hast, und Lockerheit könnten dir neue Visionen und Wünsche bringen und deine Ziele in Bezug auf Geld etwas unbegrenzter machen.

5 **Die „Abenteurer“** Deine Neugier, dein Wissensdurst und deine Vielfältigkeit machen es dir leicht, neue Menschen kennenzulernen, sie zu begeistern und mitzureißen, sowie auch dein Potenzial zu verkaufen. Jedoch neigst du zu Spontanität und dazu, einfach drafloszumachen. Du möchtest mit allen Sinnen erleben und dich nicht einschränken lassen. Da du sehr viel Informationen aufnehmen kannst, fällt dir das Bündeln und die Disziplin etwas schwer, was sich im Laufe der Jahre verändern wird. Du gibst Geld gern für schöne Dinge aus und ziehst es immer wieder an. Wenn du jedoch dein Potenzial nicht lebst, ziehst du dich gefrustet zurück und bekommst Ängste. Dann fließt auch das Geld nicht mehr so zu dir. Lebe deine Bestimmung und habe Mut, es wird wundervoll für dich.

6 **Die „Idealisten“** Du bist der Retter, der immer zur Hilfe kommt. Du verstehst es als mitfühlender Mensch als deine Aufgabe, zu helfen und für andere da zu sein. Bei dir geht es viel um Anziehungskraft, da du sehr feinfühlig bist und das Helfersyndrom bei dir sehr ausgeprägt ist. Wenn du an kleines Geld denkst, wirst du auch kleines Geld anziehen. Denkst du an Probleme, schwupp sind sie da. Versuche deine Denkweise etwas umzustellen und sieh das Gute und Schöne in den anderen, sodass du dich nicht vergisst. Wenn du dich auf deinen Wohlstand und großes Geld konzentrierst, dann erhältst du es auch. Diese Gabe hast du, probiere es doch mal aus!

7 **Die „Spirituellen“** Dein Interesse liegt in der Tiefgründigkeit. Du möchtest Wissen und Weisheit erfahren. Geld ist für dich ein Zahlungsmittel und es ist halt da. Du hast deine eigenen Methoden, Prinzipien und Überzeugungen und beschäftigst viel mir dir. Wenn du dich zu sehr distanzierst, wirst du sehr eigenbrötlerisch, skeptisch, grüblerisch und lässt die Liebe nicht heran. Daher ist es wichtig für dich, nicht zu

sehr zurückzuziehen, denn nur durch Menschen in deinem Umfeld wirst du dich weiterentwickeln und viel mehr Erkenntnisse erlangen. Dadurch wirst du sehr großen Erfolg haben und mit dem Geld, das automatisch zu dir fließt, kannst du in neue Forschungen und Entwicklungen investieren.

8 **Die „Chefs"** Dir steht der finanzielle Erfolg auf die Stirn geschrieben. Du bist handlungsorientiert, fokussiert und absolut auf Erfolg programmiert. Eine Begrenzung in Sachen Geld kennst du nicht. Dein Ziel ist es, immer mehr zu verdienen. Was du möchtest, darauf wird sich fokussiert. Du nimmst das Ruder gern selbst in die Hand, da du von dir überzeugt bist. Für was setzt du deinen Reichtum ein? Gerade bei Liebe und Zuneigung bist du etwas verhalten und dein Gegenüber könnte dich falsch verstehen. Du darfst mehr Gefühle zeigen und deinen Reichtum mit einem geliebten Menschen teilen und genießen. Denn wenn deine Beziehung nicht stimmt, oder du dich allein fühlst, könntest du verbittert und einsam werden. Dies führt dazu, deine Ziele nicht mehr mit Leidenschaft anzugehen und der Geldfluss wäre unterbrochen. Ja, auch du darfst mehr Liebe zeigen und das Gefühl genießen, dann läuft es leichter in deinem Leben.

9 **Die „Herzmenschen"** Du bist neutral, glaubst an die Gerechtigkeit, bist sehr empathisch und möchtest, dass alle gleich behandelt werden. In Bezug auf Geld bist du großzügig, mit dir selbst bescheiden und sehr humanitär. Durch deine herzliche und empathische Art findet Geld auch auf unerwartete Weise immer den Weg zu dir.

Deiner Bestimmung zu folgen, deinen kreativen Ausdruck umzusetzen, gibt dir immer wieder die Kraft für neue Innovationen. Geld gehört einfach zu deinem Leben, und du bist nicht der Mensch, der diesem permanent hinterherläuft. Das Wichtigste, um diesen Geldfluss und deine wundervolle Art dir zu bewahren ist, dass du ausgeglichen bist. Daher achte auf ein Gleichgewicht zwischen Geben und Nehmen. Wenn du dies nicht tust, hast du manchmal das Gefühl, zu wenig gegeben zu haben und fühlst dich schuldbewusst. Dann ist deine Balance nicht mehr vorhanden und du könntest sehr launisch und ängstlich reagieren, dies würde deinen Geldfluss beeinflussen, daher ist bei dir das Zauberwort: Balance – ich bin in Balance mit mir.

Rituale
FÜR DEIN GELD

„GELD ALLEIN MACHT NICHT GLÜCKLICH."

Wer hat nur diese Weisheit in die Welt posaunt?! Geld allein ist nicht der Schlüssel zum Glück im Leben, dies mag sein. Jedoch tut es gut, und warum arm sein, wenn du im Reichtum Freude hast? Geld ist zur Freude und zum Spielen da. Wenn du jetzt gerade denkst „Wie soll denn das gehen?" oder „Das gibt es nicht", dann darfst du nun umdenken.

Du kannst selbstverständlich für deine Kinder, Enkel usw. sparen. Das ehrt dich, jedoch verpasst du das Beste im Leben. Wenn du irgendwann die Regenbogenbrücke beschreitest, dann steht auf deinem Nachlass: „Ein guter Mensch, der sein Leben immer für das Wohl der anderen eingesetzt hat." Und? Was hast du davon?

Daher: Jetzt ist dein Leben, nicht irgendwann! Was gönnst du dir Schönes nur für dich? Eine besondere Kosmetik, den lang ersehnten Bootsführerschein, einen Golfkurs oder alle zwei Wochen eine Entspannungsmassage? – Wenn du gern eine bestimmte Schokoladensorte magst, gönnst du dir diese, weil du es dir wert bist. Sobald die Zahlen jedoch größer werden, steigst du aus. Du setzt dir selbst eine Grenze.

Wenn du Golf spielen möchtest, geh zum Schnupper-Kurs. Wenn du eine Yacht haben möchtest, dann buche einen Tagesausflug mit einer Yacht. Wenn du im Luxus leben möchtest, genehmige dir einen Tag im Fünfsternehotel. – Probiere deinen Luxus in deinem Rahmen aus und spüre für dich, ob sich das gut anfühlt.

Zieh das Geld an, indem du für etwas brennst. Gönne dir jeden Tag ein Stück mehr Luxus und Gutes für dich. Und lass dies alles in deinem Bewusstsein wachsen, bis deine Begrenzungen für Summen sich aufheben und du keine Bedenken mehr hast, ob es sich um 5 Euro oder 500.000 Euro handelt. Es ist nur eine Zahl, mehr nicht.

Kleine Rituale

- Achte darauf, dass deine Geldscheine im Portemonnaie gerade liegen und nicht zerknüllt, damit du ihren Wert schätzt.

- Gib nie alles aus. Im Geldbeutel darf immer etwas Geld verbleiben, damit die Anziehung gegeben ist und es noch mehr Geld anzieht. Eine Kar-pfenschuppe oder auch die chinesische Glücksmünze in der Geldbörse sind Glücksbringer.

- Auch drei chinesische Münzen mit einem roten Band kannst du entweder unter die Fußmatte deiner Eingangstür legen oder an der Türklinke von innen befestigen

Beginne umzudenken

- Wecke deine*n innere Anwältin*Anwalt in dir: Wie kann man gegen Vorurteile und Glaubenssätze vorgehen? Welche Beweise gibt es denn, dass du es nicht wert bist, Geld in dein eigenes Leben zu ziehen? Du kannst dir gern eine Pro-und-Contra-Liste schreiben.

- Erinnere dich, wie wertvoll du bist. Ändere deine Gewohnheiten, leg dir neue zu. Es braucht circa 21 Tage, bis dein Unterbewusstsein diese als selbstverständlich annimmt.

- Schreibe drei Dinge in ein kleines Notizbüchlein, die du an dir besonders schätzt. Das tust du jeden Abend um dieselbe Zeit, immer drei Dinge in dein Büchlein schreiben, die du an dir magst.

- Beschenke dich selbst mal wieder. Schreibe zunächst die folgenden Sätze auf und vervollständige sie anschließend spontan:

  → Beim Verwöhnprogramm für mich selbst denke ich an …
  → Wenn ich daran denke, mich zu lieben, dann …
  → Ich kümmere mich nicht so gut um mich selbst, weil …
  → Ich könnte mich selbst mehr wertschätzen, indem ich …

- Sag einmal am Tag Nein zu jemandem, der dich um einen Gefallen bittet.

- Genieße deine Lieblingsschokolade und kauf dir selbst Blumen.

Vier Fragen an dich

Beantworte nun spontan vier Fragen. Diese machen dir bewusst, welche Qualitäten bereits in dir stecken und dir deine Geldprobleme abnehmen könnten:

1. Welche Qualitäten besitzt der Mensch, durch den du dich sicher und versorgst fühlst?
2. Unterstreiche die Qualitäten dieses Menschen, über die du selbst verfügst.
3. Wähle zwei unterstrichene Qualitäten aus.
4. Was kannst du innerhalb der nächsten zwei Wochen tun, um diese Eigenschaften und Stärken in dir selbst zu betonen?

Probiere es aus, und du ziehst Geld in dein Leben!

Der Geldzauber

Der Geldzauber wird immer bei zunehmendem Mond gegen Mitternacht durchgeführt:

1. Durchsuche deine Taschen, Jacken, Schubladen und Geldbörse nach Münzgeld. Je mehr, umso besser.
2. Gegen Mitternacht nimmst du all dein Münzgeld und wirfst es in eine Tonschale.
3. Zünde drei grüne Kerzen an und mische mit beiden Händen das Geld. Stell dir dabei vor, dass du immer genug haben wirst und du dich sorglos und sicher fühlst und Geld unverhofft zu dir fließen wird.
4. Nun gehst du einen Schritt weiter und planst eine größere Anschaffung, einen Umzug, eine Reise etc., wofür du im Moment kein Geld hast. Stell dir vor, wie es ist, alles zu bezahlen. Spüre das wunderbare Gefühl, das sich bei dir einstellt, beim Wissen darum, alles erhalten zu haben und immer noch genug Geld übrig zu haben.
5. Zum Schluss stellst du den Tontopf mit den Münzen auf das Fensterbrett. Der Mondschein sollte genau auf den Tontopf fallen.

Und nun lass dich überraschen und denke nicht mehr darüber nach.

Heilsteine
FÜR DEIN GELD

Es sind auch hier die besonderen Frequenzen und Schwingungen , die Heilsteine ausstrahlen. Gerade beim Thema Geld kann dir ein Heilstein Vertrauen geben, damit du in positiver Stimmung bleibst trotz deiner Sorgen und Ängste. (Wie ziehe ich Geld an? Werde ich den Vertrag erfolgreich abschließen? usw.) Du schaust ihn an oder trägst ihn im Geldbeutel, und schon wirst du dir seiner Wirkung gewahr und kannst die Frequenzen und Schwingungen aufnehmen, sodass du von innen heraus diese Überzeugung ausstrahlst.

Citrin

Er ist der perfekte Stein, um Reichtum in dein Leben zu ziehen und dort zu halten. Gleichzeitig hat er eine positive Wirkung auf dein Selbstvertrauen. Er hilft, das Positive zu sehen und deine Träume ins Leben zu holen. Der Citrin wird von jeher auch Stein der Kaufleute oder Stein des Überflusses genannt. Seine Frequenzen und Schwingungen sind sehr hoch und auf den finanziellen Wohlstand ausgerichtet. Daher kannst du diesen Stein in deine Geldbörse, auf deinen Schreibtisch sowie auch in deine Geldecke laut Feng-Shui legen. Als Schmuck ist er besonders kraftvoll.

Malachit

Der Malachtit galt im Römischen Reich als Glücks- und Kraftstein. Er kann deine Wahrnehmung verbessern, steigert die Konzentration, holt zurückgestellte Bedürfnisse und Gefühle hervor und fördert Mut. Er wird dem Herz-Chakra zugeordnet und hilft dabei, Veränderungen zuzulassen und mit mehr Mut anzugehen. Direkt am Körper getragen, entfaltet er die besten Schwingungen und hilft dir dabei, dich auf deine finanziellen Ziele zu fokussieren und Entscheidungen nicht mit dem Verstand, sondern mit dem Herzen zu treffen. Er unterstützt dich dabei, auf Kurs zu bleiben.

Feng-Shui

FÜR DEIN GELD

Deine Reichtumsecke

Die wohl interessanteste Ecke im Feng-Shui ist die Reichtumsecke. Auch wenn du dich noch nie mit Feng-Shui beschäftigt hast, irgendwann kommt wahrscheinlich der Punkt, an dem du dich fragst: „Ich ackere und arbeite hart, und irgendwie rinnt das Geld nur so weg – warum?“ Wenn es so ist, dann lass dich einmal auf die uralten Techniken ein und probiere sie aus. Geh entspannt an diese Techniken ran, nicht mit Verbissenheit. Es muss sich für dich stimmig und gut anfühlen. Wenn du Glücksbringer kitschig findest, ziehst du auch kein Geld an, da dein Unterbewusstsein sich regelrecht dagegen sträubt. Dekoriere deine Reichtumsecke daher mit Gegenständen, die für dich Fülle bedeuten, und schau auch gern hin. Ein paar kleine Anregungen und Symbole für diesen Bereich möchte ich dir geben:

Die Reichtumsecke ist die linke hintere Ecke von deiner Haustür aus gesehen. Sie wird dem Südosten zugeordnet. Diese Ecke sollte, hell, aufgeräumt und kein Abstellplatz sein. Eine schöne Lampe sollte sie am Abend erstrahlen lassen.

Nach alter Tradition gilt Bambus als „Reichtumspflanze“. Binde um den Bambus ein rotes Band, an das du drei, sechs oder neun chinesische Münzen hängst, wenn du die Pflanze aufstellst.

Eine Alternative wäre ein Zitronen- oder Orangenbäumchen. Ergänzend kann man Glückssymbole verwenden, wie den Glückspfennig, das Kleeblatt etc. Eine mit Münzen gefüllte Kristallschale sowie der beliebte Geldfrosch finden hier ihren Platz. Stelle etwas Besonderes, das du mit Reichtum verbindest, dorthin.

Im Feng-Shui ist die Harmonie wichtig. Es nützt nichts, wenn du jetzt alle Reichtumssymbole in diesem Bereich unterbringst. Es sollte einige wenige sein, die ansprechend und edel wirken. – Probiere dich aus! Wichtig ist, dass du dich damit verbinden kannst, es für dich harmonisch wirkt und deine Augen dem Blick dorthin gerne folgen.

Der Geldfrosch

Das Maul des Frosches sollte auf die Eingangstür schauen, sodass das Geld ins Haus kommt. Der Geldfrosch symbolisiert die guten Nachrichten und Wünsche, bringt den Geldsegen ins Haus und ordnet die Finanzen positiv.

Affirmiere DEIN GELD

ÜBERWINDE DEINE BEGRENZUNGEN

Überlege dir zunächst genau, wofür du Geld benötigst. Das Universum, oder was immer für dich Glaube ist, schüttet sehr gern das Füllhorn aus, jedoch nur für dich und nicht für andere. Denk dran: Wenn du einem Bettler Geld gibst, wird er nie aufhören zu betteln.

Jetzt geht es nur um dich. Spüre dich in deinen Wohlstand hinein: Was möchtest du dir gönnen? Wofür brennst du, und bei welchem Gedanken lächelst du schon jetzt?

Begib dich genau in diese Stimmung und sage dir, wie immer vor dem Spiegel: „Geld ist etwas Wundervolles. Es gehört zu mir und fließt ständig. Ich weiß, das Auto/die Summe/… ist auf dem Weg zu mir und ich freue mich. Danke dafür."

Und jetzt nicht die Wiederholung vergessen, denn dein Verstand könnte dich erneut ausbremsen und sagen: „Du doch nicht!" Genau dann sagst du wieder: „Stopp! Sag doch was du willst, Verstand, ich weiß es einfach, basta!"

Wandle den Satz „Ich muss Geld verdienen" einfach um. Zum Beispiel so: „Ich freue mich, dass ich etwas tun darf, was mir Freude macht, und ich dafür Geld geschenkt bekomme."

Du sprichst mit dir und weichst dadurch deine Begrenzungen und Muster auf. Glaube an deine Träume und gib nicht auf.

Wenn du deine eigenen Affirmationen entdecken möchtest, dann ist hier Platz für dich, sie aufzuschreiben:

Manifestiere
DEIN GELD

Da Geld deinen eigenen Selbstwert verkörpert, spürst du schon, ob es zu dir oder von dir weg fließ. Menschen, die selbstbewusst und voller Freude leben, machen sich über Geld nicht die geringsten Gedanken. Und dahin darfst auch du kommen. Sorgen und Ängste in Bezug auf Geld hingegen verursachen den Mangel. Ich spreche in diesem Zusammenhang von der sichselbst erfüllenden Prophezeihung.

Natürlich gibt es manchmal im Leben Situationen, in denen du denkst: Oh Gott, hoffentlich geht alles gut. Lerne anders zu denken, auch wenn es am Anfang etwas herausfordernd ist – wie sagt man so schön: „Übung macht den Meister!“ Sage dir ganz bewusst: „Ich habe immer mehr Geld als ich ausgeben kann und es fließt automatisch zu mir, da ich Geld liebe.“ Das tust du solange und oft, bis das Ziehen in der Magengrube vorbei ist. Gönne dir als Belohnung ein Eis oder geh einen Kaffee trinken und beobachte die Menschen. Du wirst spüren, wie entspannt es ist, nicht in Stress und Hektik zu verfallen, sondern einmal den Augenblick nur für dich zu geniessen. Du spürst, dass in diesem schönen Moment nichts Schlimmes geschieht, sondern du kannst Luft holen und entspannen. Automatisch wirst du ein Lächeln spüren.

Und nun geht es an deine Wünsche! Beginne mit einem kleinen Wunsch, damit du den Glauben bekommst, dass es funktioniert. Sag dir z. B.: „Ich weiss, ich bekomme bis Ende des Monats zwanzig Euro, egal woher, ich bekomme es einfach geschenkt.“ Dein Verstand interveniert jetzt bestimmt und sagt: „Woher sollst du schon 20 Euro bekommen?!“ Schieb ihn mal zur Seite und sag dir selbst: „Ich weiss es, egal was du denkst, komm morgen wieder.“Und jetzt stell dir vor, wie du die zwanzig Euro bekommst und dich freust wie ein Kind. Dieses Gefühl: Jaaaaa, es hat geklappt! Dein Selbstwert steigt sofort 5 Stufen höher und genau so bleibt er. – Sei einfach von dir überzeugt.

Ebenso gehst du auch an größere Wünsche heran, Stück für Stück. Es funktioniert, denn was du aus deinem tiefsten, inneren Bewusstsein manifestierst, das kommt zu dir zurück.

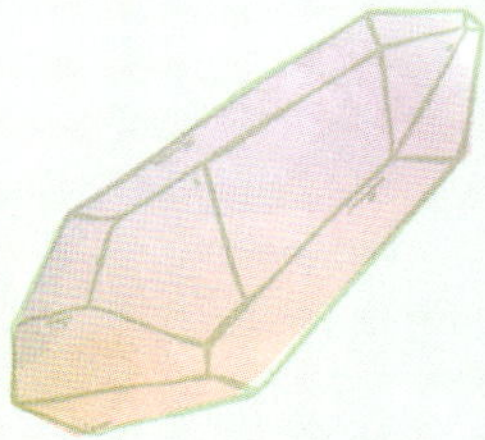

GLÜCK

„Du Lebst nur einmal.
Aber wenn du es richtig anstellst,
wird einmal auch genug sein."

Mae West

Was passiert, wenn du genau das machst, wozu Mae West auffordert? Das Leben ist nicht für Routine, Eintönigkeit und Langeweile gemacht. Es ist uns geschenkt worden, damit wir genau unseren eigenen Weg finden.

Ist der Weg heute anders? Sind unsere Vorstellungen vom Leben andere geworden? – Ein ganz großes JA!

Jeden Tag, den wir glücklich, gesund und voller Freude empfinden können, ist ein Geschenk. Dagegen wehren sollte man sich nicht, obwohl es doch noch viele tun, um dem Mainstream zu entsprechen. Macht das wirklich glücklich? Wohl eher nicht. Dieses Angepasstsein, immer dem Außen entsprechen, obwohl das Außen in den meisten Fällen nur reine Oberflächlichkeit ist, bringt kein wahres Glück.

Wer sind deine richtigen Freunde, mit denen du dich ernsthaft austauscht und gute, vor allem ehrliche Gespräche führen kannst? Es gibt nicht viele solche Menschen, jedoch die, mit denen du das tun kannst, sind wertvoll und richtige Freunde. Diese Freunde sind wichtig. Verzichten solltest du auf all jene, die vor allem über sich selbst und ihr eigenes Leben reden wollen, die dir vielleicht sogar vorgaukeln, alles besser zu wissen als du selbst. Ich darf solche Menschen einmal überspitzt so beschreiben: Selbst ernannte Klugschwätzer ohne eigenen Lebensplan.

WAS WOLLTEST DU SCHON IMMER MACHEN?

Mit der Harley die Route66 fahren, in Peru die atemberaubenden Hängebrücken überqueren, am Meer leben, Fallschirm springen, einen Tag einfach nur verträumen, ein Buch schreiben, das Abenteuer Liebe ausleben, nur Zeit für dich haben, einen Neustart wagen, den Regenwald erkunden, den Job wechseln, Sonnenaufgänge mit einer Tasse Kaffee beobachten oder Sterne schauen, bis es morgen wird …?

Genau diese inneren Träume sollten wir anfangen zu leben. Es gilt, die inneren Visionen zu bewahren und positiv, mit Freude, daran zu denken. Unser Leben ist einmalig, aber zeitweise vergisst man das. Wir allein bestimmen, was wir tun und was nicht.

Ein guter Freund von mir sagte mir letztens: „Weißt du, ich bin jeden Tag glücklich, gesund aufzuwachen und genau das zu tun, was mir Freude macht. Wer will mich daran hindern?“ Und ich stimme ihm zu. – Daher ist jetzt eine Zeit, keine Ängste vor den großen Träumen zu haben! Später ist manchmal zu spät …

Auf was willst du warten?

Wenn man sich selbst vertraut und seiner eigenen Intuition mehr Raum gibt, dann kann nichts Negatives passieren, denn alle Ängste und Zweifel verabschieden sich. Gerade in der aktuellen Zeit ist es so wichtig, auf sich zu hören: Wer bin ich, was möchte ich, und welche Richtung schlage ich ein? Mach dies ohne Angst, nur mit dem eigenen Selbstvertrauen.

Optimismus, Mut und Stärke können Brücken bauen und eine wundervolle Zukunft. Fang heute damit an!

Numerologie

FÜR DEIN GLÜCK

BIST DU EIN GLÜCKSKIND? WAS IST DAS GLÜCK FÜR DICH?

Und wieder betrachten wir nun anhand deiner Lebenszahl (siehe dazu Seite 13), was Glück für dich bedeutet, wie du es erreichen und bewahren kannst. Lass dich inspirieren und vertraue auf deine Stärken und Eigenschaften.

1 **Die „Pioniere“** Dein Glück ist die Freiheit zu haben, deine Kreativität zu leben und Fülle in dein Leben zu ziehen. Du möchtest etwas Großes erschaffen, denn du bist nun mal die Nr. 1. Deine Willensstärke und Tatkraft machen alles möglich. In dir steckt einfach sehr viel Potenzial, welches du der Welt zur Verfügung stellen solltest und Innovatives entstehen lässt. Du verfolgst dein Ziel mit großer Ernsthaftigkeit und kannst daher leicht die Bedürfnisse anderer und auch deine eigenen übersehen. Du könntest dann Kritik sehr persönlich nehmen, da du für dein Tun gern gesehen und bewundert werden möchtest. Hol dir dann immer wieder deine positiven Eigenschaften hervor und stärke dich selbst. Du bist intelligent, innovativ, zuverlässig, leidenschaftlich und hast einen guten Humor. Lebe authentisch und nimm die anderen mit auf deinem Weg.

2 **Die „Diplomaten“** Familie und Liebe, der Partner/die Partnerin, dies ist Glück für dich. Du bist gern für andere da, sehr hilfsbereit, spürst, was dein Gegenüber gerade braucht. Harmonie und Frieden sind wichtig für dich in deinem Umfeld. Du tust alles dafür, dies zu erreichen. Auch hast du eine sehr sensible und feinfühlige Seele, was dich manchmal dazu verleitet, Konflikten aus dem Weg zu gehen, da du Angst hast, verletzt zu werden und dein Selbstwertgefühl nicht so stark ist. Du brauchst Anerkennung von anderen. Für deine innere Balance darfst du dir gern selbst die Anerkennung geben, denn du bist ein sympathischer, sehr loyaler und ruhiger Mensch, der hilfsbereit und harmonisierend auf andere wirkt.

3 **Die „Kreativen“** Deine Lebensfreude, dein Optimismus machen dich zum Glückskind. Du hast viele Ideen im Kopf und möchtest deine Kreativität ausleben, du kannst schnell Neues dazulernen, daher kommen auch ständig neue Ideen zu dir und du nimmst diese mit Freude und Leichtigkeit an. Du zeigst dich gern und hast eine charismatische

Ausstrahlung. Du liebst dich selbst und du liebst das Leben. Da du keine Regeln magst und lieber allein entscheidest, was du zuerst tust, kann dir manchmal der Überblick fehlen, da zu viel in deinen Gedanken herumschwirrt und du nicht weißt, was du zuerst tun sollst. Ein klein wenig mehr Struktur und ein Partner/ eine Partnerin, der/die Ruhe und Gelassenheit mit sich bringt, wären sehr förderlich für dich.

4 **Die „Analytiker“** Wenn du das richtige Ziel im Leben hast und dieses mit deiner strukturierteren und zuverlässigen Art und deinen festen Regeln verfolgst, bist Du glücklich. Du hast die Gabe Menschen das Gefühl von Sicherheit zu vermitteln, da Du Ihnen zeigst wie zuverlässig und vertrauenswürdig Du bist. Du besitzt eine stark materielle Seite, die Dich manchmal dazu verführt, dich in deiner Arbeit zu verlieren. Zuviel Struktur, Planung und Ernsthaftigkeit können zu Schwermut führen. Du darfst erkennen, was deine Herzenswünsche wirklich sind, denn mit deinen wertvollen Eigenschaften, Geduld, Klarheit und Verlässlichkeit, kannst du diese dir erfüllen.

5 **Die „Abenteurer“** Reisen, Neues erleben, Menschen inspirieren und immer das Gefühl von Freiheit zu spüren, machen dich glücklich. Du möchtest dein eigenes Tempo vorgeben und deine Ideen verfolgen. Starre, festgelegte Strukturen sind nichts für dich. Dein Geist braucht immer neue Nahrung, sonst langweilst du dich. Und deine Ungeduld kann manchmal dazu führen, dass du gestresst bist, dich überforderst und dein Ziel nicht mehr verfolgst. Kritik von anderen kannst du nicht so annehmen, da du von dir überzeugt bist. Gerade weil du so ein lebensfroher, inspirierender und empathischer Mensch bist, kannst du mit etwas Geduld und die Treue zu dir, alles in dein Leben ziehen.

6 **Die „Idealisten“** Eine sanfte Seele, die Ruhe und Gelassenheit ausstrahlt. Dein Glück wächst mit einer starken und unterstützenden Beziehung. Deine einfühlsame und emotionale Seele ist gern für andere da, und du glaubst an das Gute im Menschen und stellst Dich lieber hinten an. Dadurch könntest du manchmal zu spät erkennen, dass du ausgenutzt wirst und nicht das erhältst, was du möchtest. Deine Talente und Begabungen solltest du entdecken und hervorholen, es gibt dir ein gutes Selbstwertgefühl und unterstreicht deinen Charme.

7 **Die „Spirituellen"** Wissen, Weisheit und Spiritualität ist Glück für dich. Du ergründest dich selbst sehr gern, brauchst Zeiten für dich, damit du beobachten und verstehen kannst und ziehst daraus Erfahrungen und Wissen. Du möchtest den Dingen auf den Grund gehen und hast die Gabe zwischen den Zeilen zu lesen. Du möchtest dein Potential individuell auf deine Weise ausleben. Du hast einen großen Intellekt und kannst gleichzeitig tief in deinen Gefühlen versinken. Harmonie ist das Schlüsselwort, das beides in Einklang zu bringen. Wenn dies nicht im Einklang ist neigst Du zum Perfektionismus, und hast an Dich zu hohe Erwartungen die zu Unsicherheiten bei Dir führen.

8 **Die „Chefs"** Du bist fokussiert, erfolgreich, Zielstrebig und möchtest Anerkennung im Leben. Du kannst sehr gut mit Geld umgehen, daher hast finanzielle Unabhängigkeit und ziehst Reichtum an. Es bedeutet für dich Glück. Da du schwer deine eigenen Gefühle verstehen kannst und noch weniger andere daran teilhaben lassen, kannst du dich manchmal auch in der Arbeit und dem Streben nach Erfolg verrennen, dies kann dich hart und unnahbar machen. Emotionen gehören auch zu Erfolgen im Geschäft. Stille oder auch eine Reise kann einen Zugang zu deiner Gefühlswelt verstärken und reflektieren, denn auch für dich gehört Lebensfreude, Emotionen und Gefühle zum glücklich sein.

9 **Die „Herzmenschen"** Dein Glück steht in den Diensten der Menschheit. Wenn du zur Verbesserung der Welt beiträgst erfüllt Dich dies. Du glaubst an das Gute und bist mitfühlend, hilfsbereit, idealistisch und verantwortungsbewusst. Du bist gern für andere da und möchtest auch deine Vorstellungen anderen vermitteln. Dein Ehrgeiz kann Dich manchmal dazu verleiten, deine Vorstellungen von Idealismus anderen Menschen dies als ihre Vorstellung zu erklären. In diesen Momenten darfst Du deine Empathie und dein Verständnis hervorholen für Dich selbst wie auch für andere. Vergiss nicht deine eigene Lebensfreude, denn Du bist begeisterungsfähig, Kreativ, intuitiv und ein wahrer Menschenfreund.

Rituale
FÜR DEIN GLÜCK

Das Glück, die Erfüllung, die Freude. – Das Gefühl von Glück darf gern etwas kindisch sein, sodass du am liebsten in deinem Wohnzimmer tanzen möchtest. Tu es! Denn Glück ist genau dieses wundervolle und abenteuerliche Gefühl von Freiheit, Verrücktheit und innerlichem Wohlfühlen.

Es gibt Menschen, die alles haben und sagen: „Ich habe Geld, ein tolles Haus, eine Familie, für die ich sorge, ein tolles Auto, kann mir alles leisten – und innerlich bin leer.“ Das muss nicht sein, du hast nur vor lauter Streben nach dem, was du dachtest, dass es wichtig ist im Leben, vergessen, was Leben ist.

Ändere es – jetzt! Mach etwas Verrücktes, stelle laute Musik an und singe mit, kauf dir ein Teleskop und beobachte die Sterne, fang an, deine verborgenen ehrlichen Wünsche aufzuschreiben, räume spontan um, entrümple deinen Kleiderschrank, zieh die Sachen an, die du für besondere Anlässe aufhebst – jeder Tag ist besonders und du bist es ebenso. Lebe spontaner und tu das, auf was du im Moment Lust hast; hebe es nicht für später auf. Und mach es nicht von anderen abhängig, damit würdest du dich nur begrenzen und drei Schritte zurückgehen.

Etwas zu tun, was nur aus deinem Inneren kommt, erfordert Mut – aber auch ein fantastisch euphorisches Gefühl des Abenteuers und der Freiheit. Endorphine werden freigesetzt und das beflügelt dich und dein Leben.

Perfektion ist der Schlüssel zum Unglücklichsein, daher erlaube dir auch mal eine andere Seite von dir. Probiere es aus, es macht glücklich und ist befreiend!

HIER IST PLATZ IST FÜR DEINE WÜNSCHE

Wie wäre es mit einem kleinen Glückszauber?

Am besten führst du dieses Ritual an einem Donnerstag durch: Dies ist der Jupiter-Tag und Jupiter ist der Glücksplanet. Bei zunehmendem Mond wirkt es am besten, da du das Glück dann aufnehmen kannst und es dir zugeführt wird: zunehmender Mond ist das Aufnehmen; abnehmender Mond ist das Abgeben.

Du benötigst: einen Würfel und eine silberfarbene Kerze

Nun würfelst du dreimal und zählst alle Zahlen zusammen. Beispiel: 1 x 6, 1 x 3, 1 x 5. Das entspricht der Summe: 14. Die Quersumme daraus ist: 1 + 4 = 5

Somit ist deine Glückszahl die 5. Jetzt zündest du die Kerze an, breitest die Arme aus und schließt deine Augen. Stell dir innerlich vor, wie schön und leicht dein Leben ist. Dann darfst du laut deiner Glückszahl, in diesem Fall die 5, fünfmal folgenden Satz sagen:

„Ich ziehe das Glück an und spüre wie es auf dem Weg zu mir ist. Ich fühle mich frei und leicht und befreit. Ich habe es verdient, glücklich zu sein. Danke für diese wundervolle Erfahrung in meinem Leben."

Heilsteine

FÜR DEIN GLÜCK

DEIN GLÜCKSSTEIN

Kennt ihr das? Man ist irgendwo am Meer und findet auf einmal einen Stein, der einen regelrecht anlächelt, und nimmt ihn mit nach Hause – dein Glücksstein. Mit ihm verbindest du schöne Erinnerungen, schwelgst in Harmonie dahin und weißt, dass du genau diesen Ort noch einmal besuchen wirst. In diesem Moment wird deine Seele spürbar leicht.

Steine haben hohe Schwingungen, die Gefühle und Gedanken in dir positiv beeinflussen und Energie aktivieren können, die dir ein wenig abhandengekommen sind.

Jade

In vielen Kulturen wie unter anderen der Maya und Maori ist die Jade ein Glücksbringer. In China ist Jade seit 8000 Jahren ein Symbol für Wohlstand, Überfluss und Glück. Jade gibt es in unterschiedlichen Farben, der bekannteste Jadestein ist in der Farbe Grün. Grün steht für Hoffnung und Glück. Jade wird nachgesagt, dass sie die Energie von Mutter Natur enthält und genau diese Fülle in dein Leben bringen kann. Sie steht für Reichtum, Liebe und Erfolg, die mit ihr angezogen werden, und bringt Gelassenheit und Geduld. Toleranz und Offenheit fördert dieser wundervolle Stein, und man kann aus der Position der Ruhe und Gelassenheit erfolgreich regenerieren, gerade wenn deine Motivation bei null ist: Sie kommt mit der Jade wieder ins Positiven zurück.

Bernstein

Er schenkt dir Lebensfreude und Optimismus und kann Ängste und Melancholie lindern. Er aktiviert deine Entscheidungsfreude und Flexibilität sowie den Fluss kreativer Ideen. Man sagt, der Bernstein reinigt deine Aura, sodass du eine lebendige und attraktive Ausstrahlung zeigst. Diesen Stein solltest du direkt am Körper tragen

Peridot

Wenn du nach Glück suchst, solltest du einen Peridot tragen. Es ist ein bezaubernder grüner Stein, der nicht ohne Wirkung ist. Durch seine hohe Frequenz kann er negative Emotionen, wie Egoismus, Neid oder Herzlosigkeit ins Gegenteil umwandeln. Die Beziehung zu deinen Mitmenschen verbessert sich dadurch und Wut, Ärger und Gewissensbisse sind weg. Das innere Gleichgewicht kommt zurück.

Tigerauge

Ein sehr spannender Stein ist das Tigerauge. Seine feinen Linien verkörpern die verschiedenen Wege zum Glück und Erfolg. Das Auge sieht sozusagen die Möglichkeiten, die das Leben bietet. Früher haben die römischen Soldaten ein Tigerauge getragen, damit sie Mut haben und es ihnen Glück bringt. Der Tigeraugen-Stein kann das Selbstvertrauen so stärken, dass das Vertrauen ins Leben wieder da ist.

Feng-Shui

FÜR DEIN GLÜCK

DEIN GLÜCKSBEREICH

Wenn das Chi, die Lebensenergie, fließen kann, so fühlst du dich wohl, bist neugierig, verkörperst eine gute Gesundheit, hast Freude am Leben, bist ausgeglichen, folgst deiner Berufung usw. Das klingt wunderbar und alle deine Bereiche sind laut Feng-Shui dann perfekt im Fluss. Somit spiegelt der Bereich des Glücks alle Bereiche im Leben wider, und daher darfst du dich fragen: Was ist Glück für mich?

Glück ist die Freude am Leben, die kindliche Neugier und Begeisterung, abenteuerlustig zu sein und deine kreativen Talente auszuleben.

Der entsprechende Bereich befindet sich vom Eingang aus gesehen rechts in der Mitte. Deshalb schau in den Bereich der Kinder. Kinder bedeuten Glück für eine Familie. Und solltest du einen Kinderwunsch haben, so aktiviere diesen Bereich. Der Kinderwunsch steht für Fruchtbarkeit, daher ist das Schlafzimmer (siehe Bereich Wohlbefinden) dabei auch von Bedeutung.

Im Bereich der Kinder eignet sich eine schöne Skulptur „Mutter mit Kind“ bzw. Bilder, die eine Familie mit glücklichen Kindern zeigen. Das Schutztier für diesen Bereich ist der Tiger, daher kannst du eine kleine Skulptur eines Tigers dazustellen.

Das Glück deiner Kinder, sie auf ihrem Lebensweg zu begleiten und sie ihre Talente und Möglichkeiten entwickeln zu lassen, ist auch dein Glück. Daher lass sie diesen Bereich selbst mitgestalten. Zeichnungen, Basteleien oder Abdrücke von Füßchen, die die Entwicklung der Kinder zeigen, sind gut geeignet.

Auch steht dieser Bereich für Kreativität, Fantasie, Freizeit, dafür, Talente hervorzuholen und sich auszuprobieren sowie für die Lebensfreude. Hier dürfen Freude und Kreativität regieren. Ein tolles Bild, welches deinen Ideenreichtum ankurbelt, Blumen, Musik – einfach all das, was deine Fantasie anregt und Lebensfreude versprüht, ist hier richtig platziert.

Affirmiere
DEIN GLÜCK

GLÜCK HÄNGT NICHT DAVON AB, WER DU BIST, SONDERN DAVON, WAS DU DENKST

Eintauchen in ein Lichtermeer am Himmel mit einem Gefühl von Faszination, Schönheit, Ruhe und Harmonie. Ein Anblick, der uns magisch anzieht. Sterne, die funkeln, und manchmal fällt wie aus dem Nichts einer zu uns herunter – eine Sternschnuppe. Wir verbinden damit ein Glücksgefühl, denn eine Sternschnuppe verspricht Wünsche zu erfüllen. Ein kleiner Anstoß für uns selbst, sich über seine eigenen Träume und Wünsche klar zu werden. Was wünschen wir uns eigentlich?

Zuallererst Gesundheit, denn ohne Gesundheit geht nichts. Dann kommt das Geld. Ja wie viel braucht man eigentlich davon? Bedeutet Geld auch Glück? Sagen wir es so: Geld beruhigt, wenn man es hat. Jedoch glücklich macht es nicht zwangsläufig. Und dann kommt schon die Liebe.

Vielleicht sollte der Wunsch so aussehen: „Ich wünsche mir Gesundheit für mich und alle meine lieben Freunde sowie für meine Familie. Mein Job soll mir genau das Geld einbringen, das ich brauche, um sicher, komfortabel leben und reisen zu können. Ich wünsche mir eine ausgeglichene harmonische Beziehung, die Erotik, Anziehung, Vertrautheit und Leichtigkeit versprüht."

Diese Wünsche sind konkreter und können sich in unseren Gedanken manifestieren. Wir können Sie jederzeit wieder in unser Gedächtnis holen, und so können sie sich erfüllen. Denn in dem Moment, in dem wir daran denken, strahlen wir, und diese positive Energie zeigen wir dann auch im Außen. Wir arbeiten sozusagen selbst an unseren Wünschen und nehmen die kleine Sternschnuppe als Anstoß.

Die Macht der Gedanken kann Berge versetzen, vergesst dies nicht!

Wenn wir uns wünschen, dass es rote Rosen regnet, dann sollten wir daran glauben. An uns zu glauben, dass wir alles erreichen können, was wir uns wünschen, ist das Wichtigste. Mit 90 auf einer Bank sitzen, lächeln und sich sagen, ich hatte eine supergeile Zeit, war mal verrückt, abenteuerlustig, geduldig, spontan, hatte viel Spaß, habe geliebt, geweint, gelacht – und immer an mich selbst geglaubt.

Manifestiere

DEIN GLÜCK

„Wie viel unbefangener man lebt, wenn man sich entscheidet, nicht ETWAS, sondern JEMAND zu sein", so formulierte es Coco Chanel. Glück bedeutet zufrieden zu sein und nichts zu vermissen. Glück ist, sich über alle Dinge, die man sieht, und Menschen, denen man begegnet, freuen zu können. Und doch neigen wir dazu, dem Glück hinterherzurennen und es uns durch materielle Dinge zu holen. Dabei vergessen wir, dass uns diese nur eine Weile lang glücklich machen und sofort der Drang nach etwas neuem entsteht. Da steht dann die super teure neue Kaffeemaschine, und ja, sie sieht schon klasse aus und der Kaffee schmeckt fantastisch. Drei Monate später kommt eine Freundin, ganz stolz präsentiert man seine Errungenschaft und sie sagt: „Nicht schlecht. Ich habe mir das neuste Modell gekauft, die noch ... und ... zusätzlich hat." Was war nun mit dem Glücklichsein ...?

Werbung, Zeitschriften und unser Umfeld suggerieren uns, dass Glück mit materiellen Dingen zu bekommen ist. Aber dem ist nicht so. Glück hat vielmehr einfach mit uns zu tun, mit Akzeptanz, Selbstliebe und Toleranz. Bereits am Morgen dem Spiegelbild „Guten morgen, ich fühle mich super!" zu sagen, zeigt bereits innere Freude. Und gerade beim Aussehen, unserem außerlichen Erscheinungsbild, ist es wichtig, nicht in den Konkurrenzkampf mit dem jüngeren Ich zu gehen. Es ist doch einfach viel entspannter, sich selbst zu akzeptieren, und nicht jede Veränderung seines Körpers als eine Naturkatastrophe zu sehen. Umso älter du wirst, desto gereifter und faszinierender wirst du auch – wie bei einem guten Wein, und der ist teuer. Also haben wir doch auch unseren Wert, und das bedeutet es, uns selbst wertzuschätzen. Umso mehr man sich selbst annimmt und umso entspannter man mit sich umgeht, desto glücklicher ist man.

Glück zu haben und zu empfinden, bedeutet Dankbarkeit. Erst wenn du dankbar für das bist, was du hast und tust, können neue Wünsche und Träume entstehen, die DICH bereichern. Etwas aus der kindlichen Freude heraus zu tun, egal ob Bergsteigen, ein Segeltörn oder ein Spa-Wochenende, bereichert und erfüllt. Dabei solltest du immer die Dankbarkeit dafür zu zeigen, dass du dies erleben darfst.

Beginne den morgen mit: „Hallo schöne Frau/schöner Mann!", sage dir öfters: „Ich bin dankbar für mein wundervolles Leben." Bereichere deinen Geist zudem mit wundervollen Träumen, die von innen heraus ein Glücksgefühl erzeugen, sodass du sie unbedingt in der Realität umsetzen möchtest. Denn dann tust du dies aus innerer Überzeugung und Freude. Das ist Glück.

IMPRESSUM

Bibliografische Information der Deutschen Bibliothek.

Die Deutsche Bibliothek verzeichnet diese Publikation in der Deutschen Nationalbibliografie.

Detaillierte bibliografische Daten sind im Internet über http://www.dnb.de/ abrufbar.

Alle in diesem Buch veröffentlichten Abbildungen sind urheberrechtlich geschützt und dürfen nur mit ausdrücklicher schriftlicher Genehmigung des Verlags gewerblich genutzt werden. Eine Vervielfältigung oder Verbreitung der Inhalte des Buchs ist untersagt und wird zivil- und strafrechtlich verfolgt. Das gilt insbesondere für Vervielfältigungen, Übersetzungen, Mikroverfilmungen und die Einspeicherung und Verarbeitung in elektronischen Systemen.

Die im Buch veröffentlichten Aussagen und Ratschläge wurden von Verfasser und Verlag sorgfältig erarbeitet und geprüft. Eine Garantie für das Gelingen kann jedoch nicht übernommen werden, ebenso ist die Haftung des Verfassers bzw. des Verlags und seiner Beauftragten für Personen-, Sach- und Vermögensschäden ausgeschlossen.

Bei der Verwendung im Unterricht ist auf dieses Buch hinzuweisen.

Die automatisierte Analyse des Werkes, um daraus Informationen insbesondere über Muster, Trends und Korrelationen gemäß § 44b UrhG („Text und Data Mining") zu gewinnen, ist untersagt.

EIN BUCH DER EDITION MICHAEL FISCHER

1. Auflage 2023

© 2023 Edition Michael Fischer GmbH, Donnersbergstr. 7, 86859 Igling

Covergestaltung & Layout: Zoe Mitterhuber
Redaktion & Lektorat: Dr. Franziska Witt-Klorer
Satz: Zoe Mitterhuber und Bhavya

Bildnachweis:

Umschlag: © Simon Bratt/shutterstock

Innenteil (Bilder): S. 6/7 © Bucha Natallia/shutterstock; S. 10 © icemanphotos/shutterstock; S. 20 © Andrey Prokhorov/shutterstock; S. 24 © LariBat/shutterstock (Versteinertes Holz), © Sebastian Janicki/shutterstock (Amathyst), © Africa Studio/shutterstock (Bergkristall); S. 26 © RHJPhtotos/shutterstock (Hämatit); S. 34 © Yuganov Konstantin/shutterstock; S: 43 © New Africa/shutterstock; S. 49 © S_E/shutterstock (Wolframit), © Privetphoto/shutterstock (Lavastein); S. 50 und S. 70 © Marykor/shutterstock (Türkis); S. 70 © photoworld/shutterstock (Smaragd); S. 71 © Minakryn Ruslan/shutterstock (Granat), © photo-world/shutterstock (Rubin); S. 71 © Wirestock Creators/shutterstock (Rhodochrosit); S. 77 ellie-ellien/unsplash; S. 80 © suns07butterfly/shutterstock; S. 88 © Jacob_09/shutterstock; S. 99 © Sebastian Janicki /shutterstock (Citrin), © Minakryn Ruslan/shutterstock (Malachit); S. 120 © New Africa/shutterstock (Jada), © Audrius Merfeldas/shutterstock (Bernstein); S. 121 © Gems Collection/shutterstock (Peridot), © Hacki Hackisan/shutterstock (Tigerauge). Innenteil (Schmuckelemente): © Cris.Tea/shutterstock, © Martyshova Maria/shutterstock, © Valedi/shutterstock, © Valentina Antuganova/shutterstock, © linear_design shutterstock, © Gizele/shutterstock, © Natata/shutterstock, © graficriver_icons_logo/shutterstock, © aksol/shutterstock, © IrAnat/shutterstock, © Lera Efremova/shutterstock.

ISBN 978-3-7459-1943-1

Gedruckt bei Mohn Media Mohndruck GmbH, Carl-Bertelsmann-Straße 161 M, 33311 Gütersloh, Deutschland

www.emf-verlag.de